MW01242117

Paz Como Un Rio

En Tiempo De Sequía

Idalia Cabello

Paz Como Un Rio En Tiempo De Sequía

Autora: Idalia Cabello

Portada: Rogelio Cabello Jr.

Revisión De Ortografía: Ismael Rivera

Copyright 2022 "Idalia Cabello"

ISBN: 979-8831611014

Todos los Derechos de Autor Reservados.

Ninguna parte de esta publicación puede ser reproducida, almacenada en un sistema electrónico o transmitida en cualquier forma o por cualquier medio, electrónico, fotocopia, grabación o de otro modo, sin el permiso previo del autor.

Enlaces de Contacto con Idalia Cabello

Facebook

Canal de YouTube

(Si lo deseas puedes escanear con tu teléfono móvil este código QR para tener acceso a mi canal de YouTube o directamente por medio de este enlace:
https://www.youtube.com/channel/UCtiTQeieb 7_KqRTrf7o6QDQ)

Contenido

Paz Como Un Rio

En Tiempo De Sequía

Al leer este libro abre tu corazón y mente, para que puedas recibir palabra de Dios, hablando a tu vida en la necesidad por la cual estas pasando.

El contenido de este libro puede impactarte, provocando cambios de bien, espiritual, emocional, físico y financieros en tu vida. Al leerlo, es tu responsabilidad continuar con todos los cambios que produzcan en ti, pues te aseguro que son cambios para bien.

Idalia Cabello

Dedicatoria

****

Dedico este libro a todas aquellas personas que han pasado tiempos de sequía, grandes desiertos: muerte, enfermedades, depresión, cambios inesperados, virus, grandes problemas, etc. A todas esas grandes mujeres que no se han quedado ahí, sobreponiéndose, tomando fuerzas de su interior; se han levantado y parado en la brecha, manteniéndose firmes para pelear por ellas, por sus familias, y van dejando su huella, su legado para enseñar a otros. Cumpliendo el gran propósito para el cual Dios las ha creado.

Pero, también dedico este libro a cada persona que está pasando por tiempos de sequía. Grandes desiertos, muerte, enfermedades, depresión, cambios inesperados, virus, grandes problemas, etc. Que este libro sea una luz en tus tinieblas y que esta luz te ilumine para levantarte y salir de la oscuridad.

Idalia Cabello

Introducción

****

El propósito por el cual escribí este segundo libro es para compartir las hermosas experiencias que he vivido con mi mamá durante mi vida, en la infancia, adolescencia, juventud y hoy como adulta.

Dios es perfecto y nos pone a la gente correcta en el tiempo exacto. Dios habló a mi vida, motivándome a publicar este segundo libro, recordándome los siguientes propósitos:

En primer lugar: para dejar un legado a mi generación y a las siguientes generaciones.

En segundo lugar: escribir un libro y contar historias de vida, es un testimonio que va a ayudar, que va a impactar la vida de otras personas, que hoy están pasando por la misma situación como la que mi mamá y yo pasamos hace ya varios años. Cuando los años pasen y yo ya no esté aquí en este mundo, aún tendré el poder de seguir ayudando a mucha gente a través de las historias y testimonios que comparto por medio de este libro.

Al escribir este libro, me maravillo del poder de nuestro Dios, su protección, su provisión y su presencia en nuestras vidas; experiencias donde hemos podido palpar el poder de Dios, donde lo hemos visto cara a cara.

La Biblia dice: que nadie jamás ha visto a Dios y que jamás nadie lo verá, sólo a través de Jesús se ha mostrado al mundo.

Las experiencias extraordinarias que yo te estoy contando, son experiencias sobrenaturales que no las podemos ver con los ojos físicos, así como a Dios no lo podemos ver físicamente, pero lo podemos ver a través de su creación, los cielos, el mar, el sol, todo lo que ha creado, aún nosotros mismos, habla de su poder y su amor. Dios es tan real y lo podemos ver a través de todo lo que ha creado, pero yo lo he visto tan claramente, a través de lo que ha hecho en nuestras vidas. Cada una de las experiencias que viví en la etapa de cáncer de mi mamá, no las podrás ver físicamente, fueron mis ojos espirituales los que vieron a Jesús en cada una de las experiencias extraordinarias que te voy a contar a través de este libro, las cuales se hicieron realidad en nuestras vidas al transcurrir el tiempo.

4

Hoy puedo ver la fidelidad de nuestro Dios, al cumplir cada palabra que me dio, de fortaleza, de provisión, de protección, haciendo milagros, maravillas, de sanidad, de restauración, que siempre su presencia estaría conmigo.

Este libro, Paz Como Un Río En Tiempo De Sequía, el cual he escrito, para que tú también puedas experimentar a este Dios real, maravilloso, sobrenatural, que no lo podemos ver con nuestros ojos físicos, porque no es de madera, de metal, de oro, ni de plata.

Así como el aire que respiramos, no lo podemos ver, pero lo podemos sentir en cada palpitar de nuestro corazón, el aire está presente en nuestros pulmones, exactamente así es nuestro Dios.

Que cada capítulo de este libro, al leerlo puedas sentir el poder de Dios en tu vida, para que seas fortalecid@, te llenes de fe, y tengas la fuerza necesaria, no solo para salir adelante tú, sino que tu paz sea como un rio para ayudar a otros a salir también de sus tiempos de sequía.

Dios quiere que la gente, el mundo lo conozca, y es por eso, por lo que sigue hablando hoy en este tiempo, de muchas maneras, para que todo ser humano se vuelva a su Dios y Creador.

Paz Como Un Rio

En Tiempo De Sequía

Idalia Cabello

****

Capítulo 1

****

Paz Como Un Rio.

Recuerdo como si fuera ayer, era el 2015. Al mes de que yo fui diagnosticada con cáncer de seno, mi mamá también recibe el mismo diagnóstico.

En ese tiempo yo era la que llevaba a mi mamá a todas sus citas y le ayudaba con todas las necesidades que tenía, así que no podía en ese momento con lo que yo estaba pasando, y ahora se me hacía imposible también poder ayudar a mi mamá, no sabía cómo le iba a hacer. Esa angustia me llevaba a estar de rodillas pidiendo a Dios dirección, sabiduría para saber a dónde ir, también para acompañar a mi mamá a todos los estudios, cirugías, quimioterapia y radiación.

Al estar clamando a Dios no solamente por mí, sino también por mi madre, estando ahí de rodillas desahogándome con mi Padre, contándole todo mi dolor, desesperación y preocupación. Es tan hermoso como nuestro Dios tiene abiertos sus oídos al clamor de sus hijos y nos habla tan claro.

Ese día que estuve derramando mi llanto en su presencia, me dijo: No solamente te voy a dar Abundante Paz, sino que también te voy a dar Paz Como Un Rio.

Cuando yo escuché esto, imaginé, vi con los ojos de mi espíritu un hermoso y grande rio, y a la orilla del rio había muchas casas, caminé por la orilla a lo largo del rio, y pude ver casas muy elegantes, casas muy humildes y casas de un nivel medio, ese hermoso rio era tan grande que pasaba por muchas casas. En ese momento ni siquiera entendí esa palabra, solo la creí, la abracé y me aferré a ella creyéndola con todo mi corazón; declarando que no solo Dios me daba Abundante Paz, sino que también me daba Paz Como Un Rio.

Cuando terminé de orar busqué en la biblia. Porque yo el Señor dijo: Yo haré que la paz venga sobre ella como un rio, y las riquezas de las naciones como un torrente desbordado. Ella los alimentará a ustedes, los llevará en sus brazos y los acariciará sobre sus rodillas. Isaías 66:12

Hoy, noviembre del 2021, que el tiempo ha pasado y veo hacia atrás, recordando todas estas hermosas experiencias al estar en la presencia de Dios, veo como su fidelidad ha estado presente en cada una de sus promesas. No solo experimenté Abundante Paz en el duro proceso de cirugía y reconstrucción de cáncer de seno, sino que también pude experimentar Paz Como Un rio.

Al experimentar la fortaleza necesaria para estar presente en todo el proceso de cáncer de seno por la cual mi mamá estaba pasando también. Recuerdo que mi mamá fue programada para cirugía el 12 de mayo y dos semanas después fui programada yo. Mi esposo me acompañaba a mi cuando yo tenía las constantes citas, con mi Dr. familiar, con el oncólogo, con el cirujano que me haría la cirugía para quitar el cáncer y el cirujano de reconstrucción de seno. Yo acompañaba a mi mamá a sus constantes citas, con su Dr. familiar, su oncólogo, su cirujano, las citas de quimioterapia y radiación. Muchas veces tuvo que ir uno de mis hijos o mi esposo para llevar a mi mamá porque yo no podía manejar, pero como quiera la acompañaba, no la quería dejar sola, que ella no se sintiera sola en ningún momento. Esa maravillosa paz estaba presente fluyendo y corriendo como un rio en mi vida y fue de bendición en la vida de mi Madre.

Durante todo ese tiempo, Dios me inspiró a escribir poemas los cuales compartí con las hermanas de la iglesia donde asisto, también compartí en células en los hogares y en el campamento de Dorcas, porque esa paz seguía fluyendo, corriendo como un rio de bendición llegando a la vida de otras personas.

El 2019 en el mes de enero, por fin obedecí a un sentir que tenía ya por mucho tiempo, pero estuve orando hasta estar segura de abrir una página para compartir los poemas que Dios me había inspirado a escribir. Así que abrí la página Poemas, Poesías y Dramas y ha sido hermoso recibir mensaje donde las personas me expresan la bendición que han recibido al escuchar los videos de los poemas. Es ahí donde puedo entender que esa paz no ha dejado de fluir, sino que sigue corriendo como un rio, ahora también a través de los videos de esta página, llegando a muchos hogares de diferentes niveles sociales.

El 2021 en el mes de julio, Dios me da el gran privilegio de escribir mi primer libro, Abundante Paz En Medio De Tiempos Difíciles. En el cual comparto mi experiencia en el proceso de cáncer.

A principios del 2022 entré a la nueva plataforma de YouTube para compartir también en mi canal los poemas que Dios me ha inspirado a escribir. Con gran agradecimiento hacia nuestro Dios, veo claramente como esa Paz Como Un Rio sigue creciendo hasta llegar a la vida de todas aquellas personas que tienen este libro en sus manos y pueden ser bendecidos y ministrados por la presencia de Dios al leerlo.

Paz Como Un Rio sigue fluyendo y corriendo por muchos hogares, algunos muy humildes, otros muy elegantes y otros de nivel medio, sin importar el nivel social, la salvación, la presencia de Dios, los milagros y maravillas son regalos de nuestro Dios para todo el mundo, los que crean en Él.

Al tener este 2do libro que Dios me ha inspirado a escribir, porque es fiel a su promesa y no solo me dio Abundante Paz, sino que también me sigue dando **Paz Como Un Rio en Tiempo De Sequía** para llegar hasta ti y bendecir tu vida.

Música instrumental * El Me Levantara *

Para concentrarse en la lectura.

Si lo deseas puedes escanear con tu teléfono móvil este Código QR para tener acceso a la música instrumental.

****

Capítulo 2

****

Tiempo De Sequía.

Cuando Dios habló a mi vida y me dijo: No solamente te voy a dar Abundante Paz, sino que te voy a dar Paz Como Un Rio. Como ser humano era imposible creerlo, estaba en pleno diagnóstico, con mis emociones y sentimientos que subían y bajaban; y el proceso era aún muy largo, apenas iniciaba el nuevo camino llamado cáncer de seno. Me sentía como en un desierto. ¿Cómo podría correr la paz de Dios como un rio, si yo estaba viviendo en tiempo de sequía? Pero le dije a Dios, no entiendo, pero yo te creo, creo a tu palabra, creo a tus promesas y me aferro a ellas, camino en fe hacia adelante hasta alcanzarla.

Quiero compartir contigo palabra de Dios, un testimonio de victoria en tiempo de sequía, que nos fortalece, aumenta nuestra fe y nos motiva a seguir adelante confiando en que Dios tiene propósitos claros para nuestras vidas, aunque en el momento no los entendamos. Es tan importante que en los tiempos difíciles pasemos tiempo en la presencia de Dios, a través de su palabra, a través de la oración y el ayuno, para que así podamos ser sensibles a lo que Dios nos habla, nos da dirección sobre a dónde ir y qué hacer.

Cosechando al 100% en tiempo de sequía

Me fascina leer esta historia en la biblia, sobre todo este versículo; y sembró Isaac en aquella tierra, y recibió en el mismo año ciento por uno, y Jehová lo bendijo grandemente. Genesis 26:12

¿Qué fue lo que pasó para que hubiera tanta abundancia en las tierras de Isaac y sequía en todas aquellas regiones? ¿Cómo es posible que Isaac se atreviera a sembrar? Y lo más difícil, ¿De dónde tomó el agua para regar sus campos? ¿Cuánto tuvo que trabajar? ¿Cuánto sufrió para tener éxito en su siembra?

La biblia dice: un hambre terrible azotó la tierra, como había ocurrido antes en tiempos de Abraham, de tal manera que había gran escasez de alimentos en aquella región.

Así que imagínate a Isaac como sacerdote de su casa, toma decisiones para sacar adelante a su familia, habla con la esposa y su familia de la situación presente que están viviendo. Así que Isaac se trasladó a Gerar, donde vivía Abimelec, rey de los filisteos, con planes de irse a Egipto. Posiblemente el recordó que un día, cuando su padre aún vivía habían pasado por algo semejante a esto y dijo: Mi padre Abraham huyó a Egipto en tiempo de sequía, cuando también había hambre y Dios lo bendijo grandemente. Cuando están preparando todas sus pertenencias para partir, de pronto Dios se le aparece a Isaac y le dice: No te vayas a Egipto, quédate donde yo te diga y por ahora sigue viviendo donde estás. Yo estaré contigo y te bendeciré, porque a ti y a tu descendencia les voy a dar todas estas tierras. Así cumpliré la promesa que le hice a tu padre, porque Abraham me obedeció y cumplió mis ordenes, mis leyes y mis enseñanzas. Dios le recuerda a Isaac la promesa que le hizo a su padre: multiplicaré tu descendencia como las estrellas del cielo, y daré a tu descendencia todas estas tierras; y todas las naciones de la tierra serán benditas en tu simiente.

Imaginemos a Isaac observando el lugar donde Dios le dice que se quede a vivir, había sequía, no había llovido y el alimento estaba escaso. ¿Quizás se preguntaba qué es lo que voy a ser ahora? ¿Cuál es el siguiente paso?

Pero de una cosa estoy segura, que Isaac confiaba plenamente en Dios, y que él lo dirigiría a hacer la parte que Isaac le correspondía hacer y Dios se encargaría de lo demás. Siempre me he preguntado por qué la biblia no relata todo el proceso que Isaac vivió desde la promesa que Dios le hizo, hasta que se cumplió. 16

Seguramente el proceso no fue tan sencillo, muchas veces imaginamos que fue como un milagro, porque nuestro Dios es poderoso para hacerlo. Muchas veces quisiéramos que Dios lo hiciera así, pero por lo general el ser humano tiene que poner su parte y es entonces cuando se efectúa la gran hazaña. Recordemos lo que la biblia dice: Y sembró Isaac en aquella tierra, y cosechó aquel año ciento por uno; y le bendijo Dios. El varón se enriqueció, y fue prosperado, y se engrandeció hasta hacerse muy poderoso.

Cuántas preguntas por contestar, pero en este capítulo están las respuestas, quizás no nos narra exactamente todo el proceso por el cual pasó Isaac y su familia, todo el sufrimiento, desde que Dios les dio palabra, un mandato: No te vayas a Egipto, quédate aquí, vive como extranjero en estas tierras, yo estaré contigo y te bendeciré, hasta el cumplimiento de estas promesas.

Primer problema al cual Isaac se enfrenta es vivir como forastero, puedo comprender a Isaac, lo que es vivir en un lugar donde Dios te envía y no conoces a nadie, porque no eres de ese lugar, ni naciste ahí. Al principio es muy difícil, pero con el tiempo conoces la gente y amistades.

Otro problema al cual Isaac se enfrenta es el temor a la muerte. Cuándo los hombres de aquellos lugares ven a Rebeca su esposa, le preguntan: ¿Quién es ella? Isaac sabe y conoce exactamente a los hombres de aquellas regiones, que eran capaz de matarlo para quedarse con ella, porque su esposa era muy hermosa y atractiva. Así que frente aquella situación toma la decisión de mentir y dice: Es mi hermana.

La belleza de Raquel llegó a oídos del rey Abimelec, y un día el rey observándolos por la ventana vio a Isaac acariciando a Rebeca, rápidamente lo manda llamar.

Isaac, ¿Por qué nos mentiste? ¡Le reclama el rey, es evidente que ella es tu esposa! ¿Por qué dijiste?: Es mi hermana. --Porque tuve miedo de que me mataran para quitármela, contestó Isaac. ¿Cómo pudiste hacer semejante cosa? Le reclama el rey, uno de mis hombres bien podría haberla tomado por esposa para dormir con ella y tú nos habrías hecho culpables de un gran pecado.

En seguida el rey Abimelec dio la orden a todo el pueblo: ¡Cualquiera que toque a este hombre o a su esposa, será ejecutado!

¿Qué hubiéramos hecho tú y yo ante semejante problema? ¿Nos hubiéramos desanimado ante esto? 18

Hubiéramos renegado de Dios diciendo: Me acaba de prometer que me bendecirá y que estará conmigo y mira los peligros y problemas de muerte por los cuales tengo que pasar por obedecerlo.

Lo que me impresiona tanto de Dios, es su amor, su misericordia, su gracia tan grande y maravillosa. Isaac le falló a Dios, pecó al mentir por salvar su vida, fue infiel al fallarle a Dios, sin embargo, Dios permaneció fiel al cumplir su promesa. Todo esto era parte del proceso por el cual Isaac y su familia estaban sufriendo para mantenerse en obediencia a lo que Dios le había dicho.

Que maravilloso sería que nosotros como seres humanos no cometiéramos errores y pecados, cuando estamos en los procesos que pasamos, cuando Dios nos da una promesa.

Isaac continua con las ordenes que Dios le da, y el siguiente paso es sembrar. Pero que tonto es este extranjero, a quien se le ocurre sembrar, ¡si estamos en plena sequía! ¡no hay lluvias para los cultivos! ¡Es extranjero y no sabe nada sobre la siembra!

¡ Las burlas, las carcajadas se escuchaban en forma de chisme y murmuración por aquellas regiones. Así que Isaac se enfrenta al problema de ser la burla, ser el centro de risas de aquellas personas, la crítica, la incredulidad.

19

Pero Isaac continua hacia adelante en obediencia, él sabía exactamente que él mismo era la respuesta de una promesa, sus padres le habían contado la forma milagrosa en la cual él había nacido, cuando ya su padre era demasiado viejo y la fábrica de niños se había cerrado. Así que ahora a él le tocaba seguir adelante en medio de los problemas y pruebas, siguiendo los pasos en fe de su padre Abraham.

Ahora Isaac está parado frente a sus campos, ya están listos, sembrados por la semilla que le quedaba en aquel difícil tiempo. Los hombres de aquella región le habían dicho, para que vas a trabajar en vano, no siembres la poca semilla que aún te queda, se te va a perder por falta de agua, mejor déjala para que te la comas junto con tu familia y no mueran de hambre. Pero él está frente a sus campos, ignorando las voces aquellas negativas, contrarias a lo que Dios le ha dicho: Yo estaré contigo y te bendeciré.

Así que manos a la obra y a seguir trabajando en los planes y propósitos de nuestro Dios. El siguiente paso: buscar la forma de regar sus campos, porque recordemos, es tiempo de sequía, por falta de lluvias.

Un gran trabajo que Isaac y sus siervos hicieron fue volver abrir los pozos que su padre Abraham había abierto cuando él vivía, y los filisteos taparon cuando el murió.

La biblia no relata cuantos eran, cuánta agua tenía, pero sí dice que los siervos de Isaac siguieron buscando lugares para cavar y hacer más pozos, de tal forma que hallaron un manantial de aguas vivas. Cuando los pastores que cuidaban las ovejas en el valle de Gerar vieron el manantial de aguas, que Isaac y sus siervos habían encontrado lo pelearon, porque decían que esa agua les pertenencia a ellos. A ese pozo Isaac lo llamo "Pelea." Después sus siervos abrieron otro pozo, por el cual los de Gerar volvieron a pelear, e Isaac lo llamó Enemistad.

Al ver Isaac que Dios lo bendecía al mirar el trabajo de sus manos y las de sus siervos, dirigiéndolos para encontrar lugares donde cavar y encontrar aguas vivas, pero los hombres de aquellos lugares se llenaban de celos y envidia y peleaban los pozos, se va muy lejos de allí y abrió otro pozo, como ya no pelearon por él, lo llamo Libertad y dijo: ahora el Señor nos ha dejado en Libertad de progresar en este lugar.

Aquí claramente vemos que no fue tan sencillo el proceso. Imaginemos a los que vieron a Isaac sembrar, los que se burlaron de él, los que murmuraron por lo que él estaba haciendo, probablemente lo juzgaron loco, enfrentándose a los problemas de pleitos por los pozos. 21

Pero Isaac sabía lo que estaba haciendo, recordaba claramente lo que Dios le había mandado hacer y solo él estaba obedeciendo.

Qué difícil es cuando Dios nos dice claramente lo que debemos hacer, y nosotros somos obedientes, y tener que soportar el tiempo de espera, ser pacientes, a veces es poco tiempo, a veces es solo algunos meses, y a veces es mucho tiempo, años; mientras tanto que el día llegue nos mantenemos ocupados, trabajando en los propósitos de Dios. Pero que sucede cuando llega el tiempo de la bendición, cuando la promesa se cumple.

Y sembró Isaac en aquella tierra, y recibió en el mismo año ciento por uno, y Jehová lo bendijo grandemente. Génesis 26:12

Que tiempos tan hermosos, de tanto gozo, cuando llega la etapa de la victoria, de la bendición. Imaginemos a Isaac levantando una cosecha al cien por ciento, quisiera ver la cara de asombro de todos aquellos hombres que lo despreciaron, lo humillaron, se burlaron. Ahora Isaac tenía en abundancia hasta para vender a todos aquellos hombres de aquellas regiones que no tenían que comer, y así fue como Isaac se fue enriqueciendo y fortaleciendo sobre todas aquellas personas, aun cuando era un forastero en aquellos lugares.

¡Gloria a Dios! Por su poder y grandeza para exaltar a todos aquellos que crean, confían y se mantengan firmes, a pesar de todos los problemas y pruebas que se presentan hasta llegar a la meta.

El gran secreto por el cual Isaac levantó una gran cosecha que fue descrita como el 100%, es decir, no hubo pérdida, todo se logró. Es porque las promesas son para los hijos de Dios, los que han sido escogidos desde antes de la fundación del mundo, los que caminan en obediencia a los propósitos de Dios, los que creen en un Dios sobrenatural y caminan en fe, sin importar lo que piensen, hagan y digan los que te rodean.

Es por eso, por lo que hubo una gran diferencia entre Isaac y los hombres que vivían en aquellas regiones, Isaac tenía la promesa, la palabra de Dios. Lo más maravilloso es que también hoy en nuestros días, la palabra de Dios sigue teniendo ese mismo poder, porque también para nosotros son las promesas, de que Dios puede bendecirnos aún en tiempos de sequía. Es así como yo también aprendo de Isaac, le creí a Dios cuando me dijo: No solamente te voy a dar Abundante Paz En Tiempos Difíciles, sino que te voy a dar Paz Como Un Rio En Tiempo De Sequía.

Música Instrumental * Dame De Beber * Para Concentrarse En La Lectura

Si lo deseas puedes escanear con tu teléfono móvil este Código QR para tener acceso a la música instrumental.

****

Capítulo 3

****

Relación.

¿Qué significa relación?

Es la conexión, comunión, unión, y comunicación entre dos personas o más.

¿Para continuar con este capítulo, necesitamos saber qué significa comunicación?

Es el proceso mediante el cual el emisor y el receptor establecen una conexión en un momento y espacio determinado para trasmitir, intercambiar o compartir ideas, información o significados que son comprensibles para ambos.

¿Cuánto puede durar una relación sin comunicación?

Por lo general las relaciones donde no hay comunicación son imposible que duren, pueden existir relaciones que no son sanas, donde el hombre o la mujer siempre están dando órdenes, pero esto está muy lejos de ser una relación con comunicación.

La verdadera relación es cuando hay comunicación entre ambas personas, donde cada uno de ellos pueden expresar libremente, porque saben que serán escuchados y no interrumpidos, porque hay una conexión entre ambos, donde comprenden perfectamente que para que haya una buena relación se requiere la comunicación.

El capítulo 26 del libro de Génesis no nos cuenta detalladamente de la relación entre Dios e Isaac, Pero al leer el capítulo nos damos cuenta de la hermosa comunicación que había entre ellos dos.

Solamente una relación en la cual hay comunicación podrá tener éxito, y esto es exactamente lo que vemos en el tiempo de sequía por la cual pasó Isaac y su familia, pero al final fueron bendecidos al 100% por saber comunicarse en una buena relación con Dios.

¿Qué tan importante es tener comunicación en una relación con Dios?

Fuimos creados para vivir en una relación con Dios, en comunicación con él, para ello necesitamos conocerlo, hablar con él, y que él también nos hable a nosotros. Dios tiene muchas formas de hablarnos, pero muchas de las veces nosotros no lo escuchamos, o ni siquiera le entendemos, porque no estamos interesados en tener una relación con él. Cuando el ser humano vive lejos de Dios, sin comunicación y por lo tanto sin una relación con él, la biblia dice que está muerto espiritualmente, vacío y sin esperanza de un día ver cara a cara a su creador. Cuando el ser humano ha entendido qué necesita tener comunicación con su creador y busca las diferentes formas para iniciar una relación, rápidamente habrá una respuesta de nuestro Dios, porque él está tan interesado en que haya una conexión con el ser humano.

Hoy en nuestros días, tenemos la biblia qué es la palabra de Dios, al leerla, el hablará, y así nosotros podemos conocerlo, cuando nosotros tomamos tiempo para orar, estaremos hablando con él, es el tiempo para nosotros hablar y expresar lo que sentimos, lo que nos preocupa, compartiendo con él nuestros sueños, nuestras metas y los deseos más profundos de nuestro corazón.

Uno de mis versículos preferidos es Mateo 6 qué dice: Cuándo ores, entra a tu cuarto, cierra la puerta y ora a tu padre en secreto; y tu padre, qué ve lo que haces en secreto, te dará tu premio públicamente.

Dios anhela estar en intimidad con el ser humano. Entra a tu cuarto, cierra la puerta, claramente está hablando de intimidad entre Dios y yo, donde podamos hablar largamente, sin interrupción, donde solo Dios y la persona puedan conversar. Es algo tan extraordinario que tengamos esta bendición de poder hablar con Dios, y esto es gracias a esa sangre preciosa que Jesús derramó en la cruz del calvario, se rompió el velo del templo y hay libertad para que podamos ir al trono de su gracia para cuando necesitamos ayuda, o simplemente para darle acción de gracias y de alabanzas.

Qué maravilloso es que, en nuestros tiempos, en el pleno siglo 21 podamos aprender de Isaac, la etapa por la cual pasó, tiempo de sequía, por falta de lluvia, y por consecuencia, un difícil tiempo de mucha escasez de alimento, pero en esa relación que tenía con Dios, pudo tener una perfecta comunicación, la cual resultó en una gran bendición, aún en tiempo de sequía.

Me siento tan identificada con esta etapa que vivió Isaac, porque, así como era tan difícil creer que Dios le estaba diciendo a Isaac que sembrará en un terreno donde había sequía, no había agua, era imposible sembrar en esos tiempos. Así también era imposible tener abundante paz en medio de los tiempos difíciles, y aún más que esa paz fluyera como un río en tiempos de sequía.

El gran secreto para que Isaac pudiera cosechar al 100% y que yo pudiera tener abundante paz en medio de tiempos difíciles y también que esa abundante paz fluyera como un río en tiempo de sequía, es la comunicación con Dios en una hermosa relación.

Es de gran importancia, es esencial, se requiere comunicación para que haya relación. Y cuando hay relación entre Dios y yo, cuando hay relación entre Dios y tú, es entonces que podemos ver salvación, milagros, maravillas, sanidades, aún en tiempos de sequía.

Salmos 37:5 dice: pon tus planes en las manos del señor, confía en él, él vendrá en tu ayuda, y tendrás éxito.

Que maravillosa experiencia es ver como paso a paso, el Espíritu Santo de nuestro Dios nos va dirigiendo hasta lograr la victoria.

Gracias Dios por tu fidelidad, porque ese rio sigue fluyendo, aún en tiempo de sequía.

SE REQUIERE COMUNICACIÓN PARA QUE HAYA RELACIÓN.

Reflexión Cristiana.
¿Como es tu relación de comunicación con Dios?

Si lo deseas puedes escanear con tu teléfono móvil este Código QR para tener acceso al video.

****

Capítulo 4

.

****

A Cuenta

Recuerdo cuando era una niña, y tuve la primera experiencia con Dios. Fue una experiencia en la cual hice una oración, y me sorprendió contestándola rápidamente, desde entonces sólo quería hacer todo lo que yo creía que era bueno, porque lo había escuchado en alguna predicación, en alguna historia bíblica, o yo lo había leído en la biblia. No quería pecar, ni cometer errores, porque quería mantenerme limpia delante de Dios. Tarde o temprano me daba cuenta de que fallaba de una manera o de otra, y me sentía tan mal fallarle a Dios, le pedía perdón, y seguía luchando por agradar a Dios, y a la gente para que no dijera nada malo de mí, pensaba que también así agradaba a Dios.

Los años pasaron, y llegó el momento en mi vida que llegué a los 15 años; me quería bautizar, pero me sentía tan mal, tan pecadora, porque le fallaba a Dios, pecaba contra él. Así que me quería bautizar, pero hasta dejar de cometer errores, quería ser perfecta, pero no lo logré, parecía que entre más me esforzaba más errores cometía.

Hasta que llegó el día que entendí que jamás sería perfecta, y que por eso precisamente Jesús derramó su sangre preciosa en la Cruz del calvario, porque humanamente, con nuestras propias fuerzas jamás vamos a dejar de fallar, de pecar, de cometer errores.

Podemos presentarnos limpios delante de Dios, al ser justificados, creyendo con todo nuestro corazón, que somos perdonados cuando confesamos los pecados.

Jesús pagó el precio de nuestro pecado y esta es la única forma que podemos estar a cuenta Con Dios.

Me encanta la versión traducción lenguaje actual qué dice: Venid luego, dice Jehová, ¡y estemos a cuenta! Sus pecados los han manchado como una tinta roja, pero yo los limpiaré, los dejaré blancos como la lana. Isaías 1:18

Hoy muchos años han pasado, y todavía no logró ser perfecta, aún fallo y cometo errores. Por eso cada día amo más a Jesús, por su sangre preciosa que derramó por mí en la Cruz del calvario y me permite estar en pie, seguir adelante hacia la meta, creciendo, madurando, buscando cada día ser mejor, presentándome cada día ante Dios en su presencia, para estar a cuenta, confesando los pecados, los errores, las fallas y él me perdona, me deja tan limpia como lana blanca.

Consciente de que Dios perdona los pecados, pero hay consecuencias si pecamos. Así que es mejor caminar en santidad, con nuestra naturaleza humana es imposible, pero con la ayuda de Dios, es posible.

Se necesita tener una relación para estar a cuenta. Cuando no tenemos una relación con Dios a través de la oración, a través de su palabra, a través del ayuno, a través del diario vivir, en las presiones, en nuestras rutinas de todos los días, ignoramos por completo quién es Jesús, no lo conocemos.

El pecado nos aleja de Dios, porque el enemigo nos acusa constantemente por lo que hemos hecho, nos engaña, nos miente diciendo: tú no sirves para ser cristiana, esto no es para ti, jamás vas a lograr dejar de pecar.

Cuando tenemos una relación con Dios las cosas cambian, tenemos conocimiento de quién es Dios y quiénes somos nosotros, tenemos identidad, seguridad, confianza.

Es de gran importancia tomar tiempo para cultivar nuestra relación con Dios, porque nuestro enemigo hará todo lo posible para separarnos y destruir la relación que tenemos con Dios, porque de esto depende que estemos a cuenta, y la salvación de nuestra alma.

¡¡Gloria a Dios!! Puedo estar a cuenta, no deber nada por causa de mi pecado, Dios mismo pagó el precio para que yo esté a cuenta con él.

Entonces el secreto para que haya una relación, es estar **a cuenta.**

Obra de teatro cristiano (La gran pelea)

Sketch Cristiano

Si lo deseas puedes escanear con tu teléfono móvil este Código QR para tener acceso al video.

****

Capítulo 5

****

Doble Diagnóstico

Cuando estamos pasando por tiempos difíciles, nos preguntamos: ¿Por qué? ¿Para qué? Muchas veces le dije a Dios: ¿Qué piensas de mí? ¿Qué propósitos tienes al permitir que mi madre y yo, estemos pasando por cáncer de seno?

Todo está en silencio, no hay respuesta, pareciera como si Dios no escuchara nuestras preguntas, pero al tomar la biblia y leerla puedo ver claramente como Dios responde a mis interrogaciones, aunque muchas veces no me es de mucho agrado las respuestas, porque yo quisiera otro tipo de respuesta.

La biblia dice: un día vinieron a presentarse delante de Jehová, los hijos de Dios, entre los cuales vino satanás.

Y dijo Jehová a satanás: ¿De dónde vienes?

Respondió satanás a Jehová, dijo: De rodear la tierra y de andar por ella.

Y Jehová dijo a satanás: ¿No has considerado a mi siervo Job, que no hay otro como él en la tierra, varón perfecto y recto, temeroso de Dios y apartado del mal?

Satanás replicó: ¿y acaso Job te honra sin recibir nada a cambio?

¿Acaso no están bajo tu protección él, su familia y todas sus posesiones? De tal modo has bendecido la obra de sus manos que sus rebaños y ganados llenan toda la tierra.

¡Pero extiende la mano y quítale todo lo que posee, a ver si no te maldice en su propia cara!   Muy bien, le contestó el Señor, todas sus posesiones están en tus manos, con la condición de que a él no le pongas las manos encima.

Y exactamente, Job perdió todos sus hijos, hijas y todas sus posesiones y riquezas.

Pareciera que no fuera suficiente, que nuevamente hay una charla entre Dios y satanás.

Llegó el día en que los ángeles debían hacer acto de presencia ante el Señor, y con ellos llegó también satanás para presentarse ante el Señor. Y el Señor le preguntó:

----¿De   dónde   vienes?
------ Vengo de rondar la tierra, y de recorrerla de un extremo a otro, le respondió satanás.

------¿Te has puesto a pensar en mi siervo Job? Volvió a preguntar el Señor—No hay en la tierra nadie como él; es un hombre recto e intachable, que me honra y vive apartado del mal.   38

Y aunque tú me incitaste contra él para arruinarlo sin motivo, todavía mantiene su integridad.

---¡Una cosa por la otra! ---replicó satanás--- Con tal de salvar la vida, el hombre da todo lo que tiene. ¡Pero extiende la mano y hiere, a ver si no te maldice en tu propia cara!

---Muy bien--- dijo el Señor a satanás--- Job está en tus manos. Eso sí, respeta su vida.

Como ser humano que soy, me es tan difícil comprender esta charla entre Dios y satanás. Mi mente humana no podía comprender como era posible que Dios le diera el permiso a satanás para destruir lo que Job tenía. Yo pensaba, ni tan solo Dios debería haber escuchado a satanás, ni aceptar lo que el mismo diablo le proponía: ¡quítale todo para que veas que va a maldecir en tu propia cara! Pero aún podemos ver como nuestro Dios continúa charlando con satanás y le da el permiso para que destruya todo lo que Job tiene, pero le deja muy en claro, respeta su vida.

Es entonces que entiendo que el enemigo no puede hacer nada, si Dios no se lo permite, solo puede hacer lo que Dios le permite. Y cuando nuestro Dios le permite hacernos algo, es con un gran propósito.

Al leer la experiencia de Job, cómo satanás lo acusa delante de Dios constantemente. Yo me preguntaba ¿Qué acaso Dios y satanás tuvieron una charla sobre mí? ¿Qué acaso satanás incitó a Dios para que le diera el permiso de tocar mi cuerpo y poner cáncer en mi seno? ¿Qué acaso también lo hizo con mi madre? Tantas preguntas que tenía en mente al recibir el diagnóstico de cáncer por partida doble. Claramente la biblia dice que satanás es el acusador de nuestras vidas, día y noche.

Y oí una gran voz en el cielo que decía: ahora ha venido la salvación, el poder y el reino de nuestro Dios y la autoridad de su Cristo, porque el acusador de nuestros hermanos, el que los acusa delante de nuestro Dios día y noche, ha sido arrojado. Apocalipsis 12:10

Día y noche, él está acusándonos delante de Dios de cada uno de nuestros errores y pecados. Cuando no comprendemos la soberanía de Dios es difícil digerir esto, creo que en ese tiempo antes que diagnosticaran con cáncer a mi mamá y a mí, me era imposible digerirlo, o simplemente no quería pensar, ni hablar de ello. En los años 2012-2015, en especial el 2014 y 2015 tuve que llorar muchas veces en la presencia de Dios, porque me era tan difícil aceptar que Dios permite que satanás robe, destruya y mate en nuestras vidas. Solo quería llorar para desahogarme, aunque no lo entendía, pero lo aceptaba, creyendo que cuando Dios lo permite es con un propósito, aunque haya dolor, aunque no lo entienda, me aferraba a sus promesas, que el diagnóstico de cáncer por partida doble es para nuestro bien. Romanos 8:28

Si satanás nos acusa delante de Dios día y noche, nosotros como cristianos debemos cada día presentarnos delante de Dios confesando nuestras faltas y pecados para que su sangre preciosa nos limpie de todo pecado. Gracias a Dios que dejó su trono y su gloria y bajó a este mundo, haciéndose hombre y pagando el precio del perdón de nuestros pecados. Por esta gloriosa salvación somos libre de toda acusación que satanás pudiera hacer sobre nosotros. La sangre de Jesús nos hace libres de toda acusación de nuestro enemigo.

Hoy puedo entender los propósitos por el cual Dios permitió el doble diagnóstico de cáncer. Uno de los muchos propósitos es la inspiración para escribir el primer libro: Abundante Paz en tiempos difíciles.

Y hoy también escribir este segundo libro: Paz Como Un Rio en tiempos de sequía, y ser de bendición para muchas personas, que hoy mismo al leer este libro podrán experimentar esa paz como un rio que llega hasta sus vidas, y en medio de todo su dolor, en tiempo de sequía, sentirán que aún hay esperanza, sentirán la fortaleza para seguir hacia adelante, confiando en que los propósitos de Dios son mucho más grandes que el dolor por el cual hoy están pasando.

El Juicio (satanás el acusador de los cristianos)

Si lo deseas puedes escanear con tu teléfono móvil este Código QR para tener acceso al video.

****

Capítulo 6

****

No descansaré

Quiero compartir contigo las maravillosas experiencias por las cuales pasé cuando fui diagnosticada con cáncer, realmente fue una etapa muy difícil, pero en la cual tuve bellos encuentros con mi Dios, mi Creador, mi Salvador, mi Señor.

En esta ocasión lo vi claramente con los ojos de mi espíritu, como el príncipe con el cual tanto soñamos, lo miré de rodillas ante mí, tomando mi mano y diciéndome: No descansaré hasta arreglar tu problema.

Su promesa de amor me rodeó, pude sentir su protección, su ternura me llenó de esperanzas, de paz, de calma, me sentí segura, amada, rodeada, protegida.

Esta experiencia me sucedió cuando todavía no podía digerir el diagnóstico que había recibido, y diagnosticaron a mi madre también con cáncer de seno. Hubo momentos en que quería dejarme caer en la cama y dormir para no despertar. Realmente sentía mucho frío, pero no era algo físico, era algo en mi corazón, sentía una soledad terrible. Mi esposo estaba ahí, mis hijos estaban ahí también apoyándome, pero era algo más profundo, en las emociones, en mis sentimientos, en lo más profundo de mi alma. 44

Me refugié en la palabra de Dios, en su presencia a través de la oración.

En ese tiempo, estaba leyendo el libro de Rut y cuando llegué al capítulo cuatro, ahí fue cuando tuve ese maravilloso encuentro.

El libro de Rut es muy hermoso, Dios nos habla a través de esta bella historia. Es impresionante como Dios utiliza a las personas que menos imaginamos para cumplir sus planes y propósitos. La protagonista es Rut, ella por voluntad propia decide acompañar a su suegra y buscar provisión material para ambas. El testimonio de Rut es conocido cuando llegaron a Belén de Judá, pues toda Judá estaba conmocionada al ver a Noemí, se preguntaban: ¿De verdad es esta Noemi? Su aspecto era tan diferente al que toda Judá había visto, cuando toda la familia vivía ahí, pero ahora Noemí estaba viuda y sin hijos. Todos habían escuchado de la bondad, fidelidad, integridad y amor de Rut para con su suegra, así que aquel fuerte testimonio impacta a Booz, el cual se interesa sinceramente en ella, llega el momento en que su misma suegra le dice: Espera hija mía, porque este hombre no descansará hasta arreglar tu problema.

El final de esta bella historia, Booz se casa con Rut, el cual Dios había escogido para sus planes y propósitos, para que de ahí naciese Obed, y de él Isaí, y luego el rey David, el cual es descendencia de Jesús el hijo de Dios. A través de esta maravillosa historia Dios habló a mi vida, y aún hoy mismo al recordarlo, puedo experimentar su misma presencia, como aquel día, cuando ahí de rodillas, tomando mi mano, Jesús, mi príncipe de paz me dijo: No descansaré hasta arreglar tu problema, y aún añadió, yo seré tu Booz, pero quiero que tú seas Booz para alguien más, para otras personas.

Rápidamente le dije: claro que sí mi príncipe de paz, si tú eres el Booz para mi vida, yo seré el Booz para la vida de otras personas.

Hoy mismo al contarte esta maravillosa experiencia, los años han pasado, casi 7 años, pero soy testigo de que Dios ha sido fiel a sus promesas y las cumplió mucho más abundantemente de lo que yo esperaba, tanto en mi vida, como en la vida de mi madre, proveyó todo lo que necesitábamos. Esta palabra me fortaleció tanto, que tuve nuevas fuerzas para enfrentar el cáncer por el cual yo estaba pasando, y también ser Booz, ayudar a mi madre para enfrentar todo el proceso de cáncer, junto con la quimioterapia y radiación.

Hoy sólo puedo darle gracias a Dios, alabarlo, exaltarle y darle toda la honra, todo el honor, todo el reconocimiento a Jesús, mi Dios, mi Proveedor, mi Salvador, mi maravilloso príncipe de paz, el cual pude ver claramente con los ojos de mi espíritu que tomó mi mano, me miró fijamente a los ojos y me dijo:

No descansaré hasta arreglar tu problema.

Hermosa historia de Rut Y Booz

Si lo deseas puedes escanear con tu teléfono móvil este Código QR para tener acceso al video.

****

Capítulo 7

****

Experiencias

El primer recuerdo que tengo de mi madre con problemas de alta presión es cuando yo tenía la edad de 7 años, recuerdo que se sentía mal y se desmayó, por lo general cuando esto sucedía, creo que mi hermano mayor le hablaba a alguna vecina o familiar para auxiliar a mi mama. Los años pasaron, y como alos 12 años sabía que mi mama tomaba una pastilla muy pequeña, la cual ponía debajo su lengua para la alta presión.

Hoy en el presente, que ya han pasado muchos años. Yo ya estoy casada, soy abuelita, y mi madre ya casi tiene los 80. Hace ya casi 17 años que estoy más relacionada con esta situación medica en la vida de mi madre, ya que su presión es muy alta, necesita tomar su medicamento y estar asistiendo a sus citas regulares para que todo camine lo más normal posible, y así este estable. Por lo general cuando mi mama se siente mal, lo primero que hago es orar por ella, Dios muchas veces a sanado su cuerpo físico, pero también tenemos que estar examinándonos en citas regulares. Los primeros años que me tocaba llevar a mi mama a sus citas, y estar al pendiente de que tomara sus medicamentos para la alta presión, también cuidar de su alimentación,

49

sentía que mi mama sentía fastidio por estar cuidándose de lo que comía, y tomar la pastilla diariamente, ya que a ella le gusta comer, y le es muy difícil dejar de comer ciertos alimentos.

Un día que veníamos de una cita con su doctor familiar me dijo: Yo no quiero estar tomando medicinas todos los días, ni quiero estar cuidándome en lo que como.

Yo le contesté: Madrecita yo soy la primera que quisiera que usted no tuviera problemas de presión, y yo tener que estar al pendiente de sus citas médicas y estar supervisando que tome sus medicinas, porque esto es trabajo para mí y también me causa estrés. Tengo responsabilidades como esposa, como mama en mi casa y también tengo un trabajo donde tengo la responsabilidad de todos los días. Así que usted va a poner su parte que le corresponde y yo le voy a ayudar en llevarla a sus citas y estar organizando sus medicinas y supervisando para que se las tome.

Los días pasaron y yo llamaba cada día por el celular a mi **mamá** para recordarle para que ella tomara sus medicinas. Recuerdo que muchas veces cuando iba con mi **mamá**, porque ella me decía que se sentía mal, al llegar y ver la tableta donde le organizaba sus medicinas

Tenía días que no se las tomaba. Por mucho tiempo estuve batallando con esta situación la cual ella no quería tomar medicinas y cuidarse de algunos alimentos que no debía comer, hasta que tuvimos varias experiencias en las cuales la presión se le subió demasiado, de tal forma que tuvo que ser llevada en ambulancia para que le dieran atención en el hospital. En ese tiempo yo conocía por lo menos dos personas de la edad de mi mamá que estaban teniendo el mismo problema, y físicamente estaban muy graves, muy mal por no querer tomarse sus medicinas y cuidarse en su alimentación, así que yo sabía que, si no apoyábamos a mi mamá, ella podía ponerse peor.

Con esta experiencia que mi mamá había tenido de ir a emergencias por alta presión, le ayudo a ella y a nosotros de que esto era algo más serio en el cual había que ponerle más atención. Gracias a Dios que mi mamá pudo reflexionar lo necesario que es cuidarse.

Tantas veces que he escuchado de milagros de sanidad que Dios ha realizado en personas, en amig@s, aun en nosotros mismos, pero con el tiempo volvemos a enfermarnos y nos preguntamos. ¿Que acaso Dios no hizo el milagro?

La realidad es que Dios si hace milagros, pero muchas veces nosotros como seres humanos queremos seguir comiendo lo que sabemos que verdaderamente nos hace daño, apoyándonos en estas palabras: Si Dios me sano, entonces voy a poder comer de todo, pero la verdadera razón es que no queremos ser responsables en dejar de comer lo que tanto nos gusta, así que esta es la razón de que volvemos a enfermarnos de lo que ya un día Dios me sano.

Esto me hace recordar una experiencia que tuve hace ya muchos años. Desde niña, me acuerdo de que me enfermaba de bronquios, los que saben de esto, sabrán que es muy feo. Recuerdo que lo más horrible es no poder respirar, recuerdo a mi mamá llevándome con el doctor una o dos veces por año, que eran las veces que me enfermaba de esto, me ponía inyecciones para que me aliviara y darme remedios caseros para que mis pulmones se descongestionaran y así pudiera respirar, pero algunas veces se me cerraban completamente de tal forma que me llevaban al hospital para ponerme oxígeno y así pudiera respirar. Recuerdo una de las muchas veces que mi mamá me llevo con el doctor, cuando el me reviso, me inyectaron para que me sintiera mejor. Me dejaron sola, ahí recostada en la cama, y el doctor y mi mamá se fueron para el siguiente cuarto.

Mi mamá le pregunto que hasta cuando yo iba a estar enfermándome. El doctor le contesto: ella va a estar enferma toda su vida, y además tiene asma; así que es muy probable que muera de bronquios asmáticos.

Los años pasaron y la penúltima vez que me enferme de bronquios fue cuando ya estaba casada. Un día me sentía demasiado enferma de tal forma que ya no podía respirar, estaba enferma en casa, mi esposo estaba trabajando y solo estaba mi pequeño hijo Julio, que tenía 2 años. Ese día había una actividad del distrito en la iglesia y yo quería ir, pero me sentía muy mal. Recuerdo que me puse a orar a Dios, cuando termine de orar sentí muchos deseos de toser y arrojar flemas, estuve arrojando como por una hora, cuando termine me sentía sana, ya no tenía problemas para respirar, así que después de unas horas estábamos listos para ir a la actividad de dorcas distrital.

Los años pasaron y me volví a enfermar por última vez, pero esta vez Dios hizo el milagro completo, de tal forma que ya han pasado casi 30 años y jamás me he vuelto a enfermar de bronquios.

Que maravilloso es nuestro Dios, su palabra dice: El perdona todos tus pecados y sana todas tus dolencias; El rescata tu vida de la muerte, y te corona de amor y misericordia;

El colma de bienes tu vida y te hace rejuvenecer como las águilas. Salmo 103:3-5

Cuando Dios hace un milagro en nuestras vidas, nuestra responsabilidad es cuidar nuestro cuerpo, que es templo del Espíritu Santo, y he tratado de ser responsable y cuidarme. ¡Gracias a Dios! Hasta aquí me ha ayudado y jamás me he vuelto a enfermar de bronquios asmáticos. Pero en otras ocasiones Dios no hace los milagros como nosotros quisiéramos, pero también la medicina, los médicos hacen con la ayuda de Dios un buen trabajo para que nosotros estemos bien. Cuando yo pase por cáncer, yo le pedía a Dios con todo mi corazón que hiciera el milagro, yo creo con todo mi ser que él tiene el poder para hacerlo, pero mi Dios tenía otros planes, y uno de ellos es el estar escribiendo este libro para compartirlo contigo.

Así que con la experiencia que mi mamá había tenido de ir a emergencias por alta presión, fueron las que hicieron que mi mamá viera la seriedad de su situación, así que cuando se fastidiaba de cuidarse en lo que comía y de tomar medicinas, que era normal que se sintiera fastidiad como ser humano, yo le recordaba lo importante, la responsabilidad que tenemos de cuidar nuestro cuerpo.

En esta experiencia volvimos mi madre y yo a reencontrarnos, ya que teníamos como 12 años que solo nos comunicábamos por teléfono, o cuando veníamos a visitarlos durante el periodo de vacaciones. Ahora en este reencuentro, en esta situación, le recordaba las consecuencias de no cuidarse, enfermarse y que la ambulancia la llevara al hospital. Mi mamá decía: No quiero ir al hospital. Madrecita, yo le contestaba: Entonces vamos a ser responsables, usted se toma sus medicinas y se cuida en su alimentación, y yo aquí estoy para apoyarla recordándole, y juntas luchemos con la alta presión.

Cuidando Nuestro Cuerpo, Que Es El Templo Del Espíritu Santo.

No sabéis que sois templo de Dios, y que el Espíritu de Dios mora en vosotros? Si alguno destruyere el templo de Dios, Dios le destruirá a él; porque el templo de Dios, el cual sois vosotros, santo es.
1 Corintios 3:16-17

****

Capítulo 8

****

Sombra De Muerte

Recuerdo cuando el doctor me dio la cita para la cirugía de mi mamá, me dijo: Idalia te voy a dar a ti la cita primero para tu cirugía y después la de tu mamá, para que tú te atiendas primero.

No, conteste, deme primero la cita para mi mamá, para que ella tenga su cirugía primero, y yo pueda cuidarla por lo menos las 2 semanas, y entonces yo entro a cirugía, el doctor movió su cabeza haciendo una señal como diciendo que no, pero me dice: Ok, es tu decisión, pero tú debes atenderte primero.

Gracias a Dios se prepararon todos los exámenes y papelería para la cirugía de mi mamá y se realizó con gran éxito.

Pero, aunque todo salió bien, una de las experiencias que he tenido cuando mi madre se enferma, y en esta ocasión también después de la cirugía, es que mi mamá mira a una persona que ya hace muchos años murió, y la llama.

Idalia me grita mi mamá, dile que se vaya, yo no me quiero ir con él.

En ese momento viene a mi mente el Salmo 23:4 Aunque ande en valle de sombras de muerte, no temeré mal alguno, porque tu estarás conmigo, tu vara y tu cayado me infundirán aliento.

Le dije a mi mamá: no tenga miedo, vamos a orar. Oré en voz alta, reprendiendo y atando en el nombre de Jesús, todo espíritu o sombra de muerte.

Al principio seguía gritando: vete, vete, no me quiero ir contigo, yo levanté mi voz más fuerte, podía ver una sombra que se paseaba por el cuarto en donde estábamos, o se ponía en la cabecera de mi mamá Recordé las veces que yo también sentía mucho miedo de morir, cuando me diagnosticaron con cáncer, pero pude vencer esa sombra de muerte, de rodillas, en oración, y con palabra de Dios que constantemente estaba declarando. Así que sentía y conocía exactamente por lo que mi mamá estaba pasando.

Mi madre tenía miedo, mucho miedo, pero cuando me escuchó, que yo levantaba mi voz y declaraba la palabra de Dios, reprendiendo en el nombre de Jesús todo espíritu de miedo, todo espíritu de sombra de la muerte, ella también empezó a repetir la palabra de Dios y fue libre.

Todavía en estos días, cuando a mi mamá se le sube la presión muy alta, se asusta, por todo lo que ha pasado, por todo lo que ha vivido, y ese espíritu de miedo, de sombra de muerte, quiere otra vez venir a molestarla, nuevamente empieza a gritar: vete, no quiero irme contigo.

Yo le digo: madrecita ya sabemos que hacer, vamos, declare palabra de Dios, cante alabanzas, ore a Dios y verá como la presencia de Dios invade su vida y todo este lugar, todo lo que ahora le da miedo huirá en el nombre de Jesús.

Es tan hermoso oír y ver a mi madre cantando alabanzas a nuestro Dios, leyendo la biblia y también le gusta mucho leer el libro que escribí, Abundante Paz, en medio de tiempos difíciles.

En las noches me despierto, pensando si ella estará bien en su cuarto, y en algunas noches que ella no puede dormir, porque durmió mucho en el día, puedo escuchar hasta mi cuarto, que está cantando, o leyendo la biblia, o mi libro. Me causa tanto gozo ver a mi madre libre, sin ningún miedo, adorando a nuestro Dios.

Ella es mi fan #1, siempre está diciéndome: que hermoso libro escribiste, todo lo que escribiste me alienta, me fortalece, no me canso de leerlo, de recordarlos, porque son testimonios de lo que Dios ha hecho en nuestras vidas.

Esto es suficiente para que yo sea fortalecida y siga escribiendo, si nadie más me dijera que mi libro es de bendición para sus vidas, pero gracias a Dios que sí hay más gente que también me han dado palabras de agradecimientos, abrazos y me han dicho: tu libro ministra mi vida.

Pero mi madre es mi fan #1 porque cuando ella está en mi casa, me lo está diciendo muy seguido y esto es adrenalina pura para mi vida, para seguir escribiendo.

QR, Aunque camine por valle de sombra y de muerte.

Si lo deseas puedes escanear con tu teléfono móvil este Código QR para tener acceso al video.

****

Capítulo 9

****

Hermoso Sueño

Experiencia con mamá, al cortarle su cabello.

Hoy al estar escribiendo este libro, recuerdo cuando leí la información de los efectos secundarios de la quimioterapia, y saber que mi mamá tenía que pasar por todo este proceso, sin saber exactamente los efectos secundarios que ella desarrollaría. Recuerdo que sentía que mi cabeza, mis pensamientos, mis emociones se congelaban, como si fueran a estallar, no podía digerir lo que mi madre estaba viviendo, tenía que concentrarme demasiado y sobre todo pedirle a Dios que me ayudara para hacer lo mejor para ayudar a mi mamá.

Recuerdo cuando inició los ciclos de quimioterapia, la acompañaba 2 veces por semana, cuando ya tenía como 3 meses en tratamiento, le dijeron en el centro de cáncer que si quería que le cortaran su cabello para que no le doliera al ir perdiéndolo poco a poco; mi mamá no quiso. Pasó un mes, y se le empezó a caer y decía que le dolía mucho cuando se le caía. Un día llegué a su casa y me dijo: Idalia córtame tu el cabello, se me está cayendo demasiado, déjame completamente pelona, me lo dijo con su carita triste.

Quería llorar a grito abierto, sentí tanto dolor ver a mi madre pasar por cirugía, ver cada semana como le inyectaban el tratamiento de quimioterapia, ver como después del tratamiento no quería comer, tenía vómitos de lo poco que comía, se sentía demasiado débil y ahora tener que cortar su hermoso cabello largo y ondulado. Apreté los labios para no llorar, fui a buscar las tijeras y las cosas que necesitaba para cortarle su cabello. Realmente creo que soy una persona de mucho valor, pero toda la experiencia por la cual mi mamá pasó en el proceso de cáncer de seno, constantemente me sentía muy frágil en mis emociones y sentimientos. Solo Dios que me dio la fuerza para cortarle el cabello a mi mamá sin llorar, haciéndole platica para que ella estuviera sonriendo y no sintiera tanto dolor al verse peloncita.

Por fin terminé y cubrí la cabeza de mi mamá con una hermosa gorrita de color rosa fuerte que le había comprado para cuando este día llegara, le compré de varios colores para que le combinaran con la ropa que se pusiera. Cuando en el centro de cáncer vieron que ya mi mamá se había cortado su cabello nos mandaron a la asociación de cáncer de aquí de Edinburg Texas, para que le regalaran a mi mamá una hermosa peluca que ella escogió, la cual fuera la más parecida a su cabello natural, y pues si estaba muy bonita, cabello largo y ondulado como el de mi mamá.

También me acuerdo de que yo la llevaba a comer algún restaurante, o mi esposo nos invitaba también a comer después de las quimioterapias, esto nos relajaba bastante, nos servía de terapia, los primeros meses, pero llegó el momento, los días, y se me hacía tan raro que ella no probara la comida que ordenaba, yo sabía que lo que había ordenado era lo que le gustaba, pero no comía. Al ver que ya no le llamaba la atención comer los platillos que a ella le gustaba comer tanto en el restaurante, le hacía un caldito de res, o de pollo en la casa, y no le llamaba la atención. Los días pasaron y mi madre no quería casi comer, le daba asco, era difícil que pudiera comer, solo algo de fruta y los shake ensure, era lo único que podía comer. No sé cómo pudo mi madre sobrevivir, solo con tan poquitas cosas que podía comer, siendo ella una mujer que le gustaba mucho comer. Mi madre pesaba 180 libras cuando empezó el proceso de la quimioterapia y radiación, y pesaba 100 libras cuando terminó todo el proceso.

Hermoso Sueño

Precisamente en esos días que mi madre no quería comer, yo le daba el ensure para que no estuviera con su estómago vacío y pudiera tener fuerza para los tratamientos, una noche antes de acostarme estuve orando a Dios por mi mamá, para que le diera la fortaleza y me dirigiera a mi para saber qué hacer y cómo hacerle para ayudar a mi mamá. Después de orar me fui a acostar, me dormí y tuve un **hermoso sueño**.

Soñé a mi mamá, como de unas 130 libras. Se miraba hermosa, no estaba muy gorda, como cuando pesaba 180 libras. Pero tampoco estaba muy delgada como en ese tiempo que ya pesaba las 100 libras. Cuando desperté lloré, era imposible como ser humano creer lo que había soñado, precisamente en ese tiempo en el cual mi mamá casi solo estaba tomando y dependiendo del ensure. Le dije a Dios: para mí es imposible creer este sueño, pero yo creo en ti, en tu poder, he visto tantas veces lo imposible realizado, que una vez más, yo te creo con todo mi corazón, aunque ahora mis ojos ven todo lo contrario, yo creo que va a llegar ese tiempo en el cual tú vas a hacer este sueño realidad.

Hoy que ya pasaron 7 años, solo puedo alabar, glorificar y dar gracias a Dios, porque mi madre ya casi pesa 120 libras. Hemos declarado el salmo 91 tantas veces que la palabra de Dios se ha hecho una realidad en la vida de mi madre.

El me invocará, y yo le responderé; estaré con ella en momentos de angustia; la libraré y la llenaré de honores. La colmaré con muchos años de vida y le haré gozar de mi salvación. Salmo 91:15-16

Hoy al escribir este libro puedo ver claramente como nosotros, mi madre, yo, mi esposo y familia, mis hermanos, mi hermana, mis hermanos y hermanas en Cristo clamamos a Dios y él nos respondió, estuvo con mi madre y con nosotros en los momentos de angustia, nos libró, ha llenado nuestras vidas de honores y declaramos larga vida y seguiremos gozando de su salvación.

QR Salmo 91 El que habita al abrigo de Dios.

Si lo deseas puedes escanear con tu teléfono
móvil este Código QR para tener acceso al video.

****

Capítulo 10

****

Avanzando por Fe

Experiencia con mi mamá en el tratamiento de radiación

Cada persona tiene una experiencia diferente porque los organismos reaccionan dependiendo de la edad, estado de salud, etapa del cáncer. En este libro yo estoy compartiendo la experiencia por la cual mi mamá pasó, y quizás sea muy diferente a otras. Cuando mi mamá termina los tratamientos de quimioterapia, quedó demasiada delgada, se le veía más débil y casi no comía; así que yo quería que no le dieran radiación o que la dejaran descansar por un tiempo sin molestarla de tanto ir y venir, levantarse, arreglarse para ir al centro de cáncer, y que mejor se tomara un tiempo de descanso. Las indicaciones eran solo dejarla descansar unas semanas y regresar a los tratamientos de radiación. Realmente yo me sentía cansada emocionalmente, no era cansancio físico, mis emociones subían y bajaban al ver la condición de mi madre, y se me hacía tan difícil humanamente que ella resistiera la radiación. Pensaba, ¿si bajó 80 libras en la quimioterapia, como le va a ir en la radiación? Y eso me preocupaba, llenándome de angustia.

Tenía que orar constantemente a Dios para seguir las instrucciones del médico y dejar las cosas en las manos de Dios, confiando que él tenía todo el control, y aunque mis ojos físicos miraban la debilidad de mi madre, su falta de apetito, su pérdida de peso, yo me mantenía firme, siguiendo hacia adelante, sacando valor de donde no lo había, con mi mirada como viendo al invisible, al imposible, a las promesas de nuestro Dios que no las vemos, pero las creemos hasta que se realizan. Ahora bien, la fe es la garantía de lo que se espera, la certeza de lo que no se ve. Hebreos 11:1 En otras palabras, la fe es estar seguro de lo que esperas, y la meta que yo esperaba es la recuperación completa de mi mamá y verla libre de cáncer; La seguridad de que lo vas a recibir, aunque no lo veas. Así que la seguridad se muestra cuando sigues avanzando, aunque por ahora tus ojos físicos no ven lo que quieres mirar. Empezaron los tratamientos de radiación y gracias a Dios mi hermana Noralba que en ese tiempo vivía en Chicago se vino aquí a estar un tiempo para estar con mamá mientras estaba en los tratamientos de radiación y eso fue de gran apoyo para mi madre, y yo también sentí la carga más liviana y menos estrés. Gracias a Dios mi madre terminó sus tratamientos y por fin pudo tocar una campana, y recibió el aplauso del personal del centro de cáncer por llegar al final de los tratamientos. Fue una bonita experiencia ver a mi mamá tocando aquella campana con música de que logró una gran victoria.

Esta experiencia me recordó de una anécdota que un día escuché. Una persona se cayó de una montaña y cayó al vacío, al ir cayendo se aferró a una cuerda; colgando en el aire que estaba demasiado frio, estaba helando. Aquella persona oró en aquellos momentos difíciles de su vida para que Dios lo ayudara y lo librara de la muerte. Una voz le dijo: suéltate de la cuerda, si te quedas ahí morirás de frio. Ella contestó: pero si me caigo moriré del golpe, la noche está oscura y no veo si el piso está cerca o muy profundo. Aquella voz le dijo: confía en mí y suéltate de la cuerda.

Aquella persona decidió no soltarse y murió de frio, en el día la bajaron de aquella cuerda y el piso solo estaba a 2 metros, los que la bajaron se preguntaban ¿por qué esta persona no se soltó de la cuerda? No se quiso arriesgar y prefirió morir de frio.

Muchas de las veces las circunstancias de la vida nos ponen entre la espada y la pared. ¿La cirugía, la quimioterapia y la radiación le salvarían la vida a mi Mamá? No sabíamos. ¿Cómo su cuerpo reacciona? ¿Soportará los tratamientos? ¿Soportará los efectos secundarios? Eran preguntas que constantemente les hacía a sus doctores, y solo nos decían que, por su edad, no sabían cómo su cuerpo iba a reaccionar. Si no se atendía moriría por el cáncer de seno, y si se atendía, no había seguridad de que aguantara todo el tratamiento, así que, con la ayuda de Dios, el apoyo de toda la familia, y la iglesia nos arriesgamos, con nuestra fe firme, puesta en el único y verdadero Dios, Jesús nuestro sanador, y fue grato ver a mi madre terminar todo su tratamiento y tocar la campana victoriosa cuando terminó la radiación.

Ahora bien, la fe es la certeza de lo que se espera, la convicción de lo que no se ve.
Hebreos 11:1

La Fe
no conoce derrota,
crece y se fortalece
en la dificultad.

Siempre Fiel a Dios

Puestos tus ojos en Jesús,
el autor y consumador
de la Fe

Hebreos 12:2

****

Capítulo 11

****

Amor De Madre

Muchas mujeres han realizado proezas, pero tú las superas a todas. Proverbios 31:29 Al leer este versículo en la biblia, no puedo menos que pensar en mi Madre.

Hoy, que soy una persona que ya pasó de los 50 años, y que la veo a ella ya casi llegando a sus 80 años, medito en su vida, y no puedo evitar recordar mi infancia, cada etapa de mi vida y también mi manera de pensar en cada una de ellas. Me sorprende tanto, como a medida que vamos creciendo y madurando, cambia hasta la manera de pensar.
Cuando era una niña admiraba tanto a mi madre, la vi trabajar con todas sus fuerzas, toda su capacidad, educación, conocimiento para sacar adelante a sus hijos.

En la adolescencia, aún seguía admirándola, pero pensaba que ella no era perfecta, podía ver en ella algunos defectos.

Cuando llegué a la juventud, en algunas áreas, no quería ser como mamá, no quería cometer sus mismos errores.

Cuando llegué al matrimonio, decidí que mi vida, matrimonio y familia serian completamente diferentes a lo que vivimos en casa.

Cuando llegué a tener mis 3 hijos, me di cuenta de la gran responsabilidad espiritual, física, en la educación, en la economía; fue entonces cuando le di mayor valor, y me preguntaba: ¿Cómo es que mi mamá lo hizo sola, sin la ayuda de mi padre?

Nosotros somos dos, mi esposo y yo, y no es tan sencillo.
En algún tiempo de mi vida leí y escuché también en alguna reflexión, algo semejante a lo que a mí me estaba pasando, de la manera en la cual cambiamos de pensar de nuestros padres, a medida que los años van pasando y vamos madurando, pero nunca imaginé que a mí también me sucedería.

Como padres, mi esposo y yo tratamos de no repetir los mismos errores de nuestros padres, tratamos de hacer lo mejor, es más, por mucho tiempo llegué a pensar que todo lo había hecho bien, porque realmente me esforcé para hacer lo mejor, me entregué por completo a la tarea de ser madre, y realmente, gracias a Dios, tenemos buenos hijos, no perfectos, pero siempre he dicho que para mí son los mejores hijos. Pero, eso no evita que tristemente hoy, nos damos cuenta de los errores que también nosotros cometimos.
Mi madre siempre nos decía: que nosotros teníamos que vivir una vida mejor que la de ella, eso era por lo que ella se esforzaba tanto.

Así que nosotros, mi esposo y yo teníamos que luchar para darles una vida mejor a nuestros hijos, esa era su oración.
No me lo dijo tantas veces, pero con las veces que me lo dijo, eso fue suficiente.

Hoy contemplo a mi madre, los años han pasado, y lo que impacta tanto mi vida, es su amor hacia su hijo Gustavo, desde la edad de 20 años mi hermano empezó a tener problemas de esquizofrenia, y siempre han vivido juntos, ella lo ha sostenido económicamente y lo ha atendido.

Hace ya casi 15 años que mis hermanos y yo decidimos que ella ya no trabajara, era suficiente lo que ya había trabajado toda su vida, porque ella no quería dejar de trabajar, siempre ha sido una mujer muy guapa, trabajadora, independiente, que no le gustaba depender de nadie, ella con la ayuda de Dios salía adelante.

Hace ya casi 7 años que mi madre pasó por cáncer, y con ello por cirugía, quimioterapia y radiación, gracias a Dios y con el apoyo de sus hijos, su familia salió de esa etapa, pero siempre sus pensamientos, su preocupación, su amor, sus cuidados, a pesar de lo que ella estaba pasando, están en Gustavo.

Hace ya casi cinco años, yo empecé a ir a su casa todos los días, porque miraba la necesidad en mi madre, necesitaba ayuda, los efectos secundarios de la quimioterapia y radiación, la habían dejado más débil, aun así, ella quería seguir al pendiente y atendiendo a Gustavo.

En el mes de octubre del 2020 mi mamá sufrió un derrame cerebral, en el cual mis hermanos y yo vimos la necesidad de que ella ya no puede estar sola, ahora somos nosotros los que la atendemos y cuidamos de ella y de mi hermano.

Lo que me impacta tanto es que, aunque mi madre sabe que ya no puede cuidar de Gustavo, siempre derrama sus lágrimas porque nosotros ya no la dejamos que ella se encargue de él, y nos dice: Yo quiero atender a mi hijo y cuidar de él.
Me conmueve tanto al ver su amor por mi hermano, admiro a mi madre, porque entregó toda su vida para cuidarlo, y no solo a él, sino en su tiempo a nosotros también, cuando éramos pequeños.

Muchas mujeres dejan a sus hijos por ahí, con alguien más, o toman caminos equivocados para sacar adelante a la familia.
Mi Mamá nos ha dado un ejemplo al trabajar honradamente, todos los años que trabajó, sobre todo nos ha enseñado con su vida el camino para llegar a Dios.

Hoy en día, por las noches y durante el día, en la mañana, podemos ver y escuchar a mi mamá cantar sus alabanzas preferidas, orar en voz alta, leer la biblia o mi libro: Abundante Paz

Muchas mujeres han realizado proezas, pero mi mamá las supera a todas.

Poema *Mama*

(Si lo deseas puedes escanear con tu teléfono móvil este Código QR para tener acceso a este video)

****

Capítulo 12

****

Ya no llores Mamá

¿Cuándo fue la última vez que lloraste? ¿Hace un mes? ¿Hace una semana? Tal vez estás secándote los ojos mientras lees esto.

Según los psicólogos las personas que lloran mucho tienen este rasgo único de personalidad. Está bien sentirse vulnerable después de derramar algunas lágrimas, pero no tienes por qué disculparte. De hecho, llorar no es sólo una cosa perfectamente saludable, sino que es también un signo de fuerza y resistencia. Aquí hay cuatro razones por las que deberías sentirte empoderado, no patético, después de llorar:

1.-Alivia el estrés

Un estudio de 1983 de la Asociación Americana de Psicología mostró que la mayoría de la gente se siente más aliviada después de llorar que se debió al estrés de las relaciones interpersonales y pensamientos ansiosos o tristes. Llorar es una de las mejores maneras de canalizar y filtrar los pensamientos y eventos que nos causan preocupación o dolor. No es bueno embotellar tus emociones reprimiendo las lágrimas. Cuando lloramos, estamos liberando la tensión negativa que se acumula a partir de nuestra vida cotidiana, lo que nos permite sentirnos consolados y recargados para que podamos recuperarnos después. Las lágrimas emocionales también contienen hormonas que escapan de nuestro cuerpo que podrían mejorar nuestro estado de ánimo después de llorar.

El profesor Roger Baker de la Universidad de Bournemouth dijo que llorar es la transformación de la angustia en algo tangible, y el proceso en sí reduce la sensación de trauma (fuente). Por lo tanto, cuando la gente te anima a "dejarlo salir", ahora ya sabes por qué.

2.-Muestra que no te importa lo que piensan los demás

La sensación de vulnerabilidad y debilidad cuando lloramos suele ser el resultado de la presencia de otras personas. Sientes las grietas de tu voz; sientes que las lágrimas se elevan y la sangre corre hacia tu rostro, pero intentas esforzarte para reprimir estas respuestas hasta que todo se rompa. La sociedad nos condiciona desde una edad temprana a creer que mostrar emociones negativas frente a otras personas es algo que debe evitarse a toda costa. Pero la naturaleza humana demuestra que todos somos criaturas inteligentes y sensibles, y no podemos mantener constantemente nuestra guardia emocional.

Un estudio de 1964 encontró que la gente responde menos negativamente y más compasivamente a las personas que están llorando; Delante de otros demuestra que colocas tus sentimientos por encima de las expectativas sociales de los que te rodean. Esa es una hazaña que muchos de nosotros solo podemos desear.

3.-No tienes miedo de tus sentimientos

Los seres humanos lloran por todo tipo de razones; desequilibrios hormonales, enojo, pérdida, soledad, estrés y bajo nivel de azúcar en la sangre son sólo algunas de las muchas razones por las que lloramos. A veces es algo que parece trivial como una película triste o una canción nostálgica, y a menudo ni siquiera sabemos la causa de por qué estamos llorando. La parte importante de esto es que estás reconociendo tus emociones y enfrentándolas de frente. No enfrentar los sentimientos negativos puede arriesgarse a conducir por un camino oscuro; alcoholismo, depresión, trastorno de ansiedad, abuso de drogas o cualquier tipo de comportamiento compulsivo malsano puede provenir de una negativa a enfrentar sus emociones.

4.-Llorar te hace un mejor amigo

Hablamos antes de "dejar caer tu guardia emocional" Esto hace más que enviar a la gente un mensaje de que eres fuerte; muestras a tus amigos y familiares que son honestos y abiertos ante la adversidad. Si estás en una situación en la que estás con un amigo, y ambos recibieron algunas noticias inquietantes, dar el primer paso en el llanto permitirá a otras personas sentirse cómodo expresando sus propias emociones. Aquellos que aceptan la tristeza cuando los mira en la cara permiten que otros hagan lo mismo.

Esto hace cosas asombrosas para tu carácter y la fuerza de tus relaciones. Romper estos muros que a menudo nos separan de nuestros semejantes puede conducir a amistades más cohesivas y significativas. Llorar te hace saber quiénes son tus verdaderos amigos, también aquellos que te evitan o te traen abajo cuando ya te sientes más vulnerable, son probablemente personas que deberías considerar quitar de tu vida.

¿Por qué no puedo llorar?

Esta es una expresión más habitual de lo que pensamos. Son muchas las personas que, tras sufrir, por ejemplo:

Una perdida personal, son incapaces de llorar, de desahogar su dolor atravez de las lágrimas. El lloro, el llanto, forman parte del duelo y es parte imprescindible para superar desgracias y traumas.

Un alivio fisiológico con el cual liberar tensiones y estrés.

A menudo, solemos asumir la idea de que quien no llora, presenta en realidad una personalidad fría y carente de emociones.

¿Qué es la incapacidad de llorar?

Debemos por tanto entender un primer aspecto, la incapacidad de llorar no es sinónimo de frialdad.

Ya No Llores Mamá

Una de las muchas memorias que tengo, recuerdo desde que era una niña, es ver a mi madre llorar.

Cuando era niña, siempre pensé que las lágrimas significan debilidad, así que muchas de las veces que vi llorar a mi mamá, la mayoría de las veces aprete mis labios para no llorar, porque pensaba que yo debería de mantenerme fuerte sin llorar, y eso sería de apoyo para mi mamá. Los años pasaron, llegue a la adolescencia y en ese tiempo aun todavía no comprendía porque mi mamá lloraba tanto.

Ahora ya un poco más grande, cuando la veía llorar le preguntaba: ¿Mamá porque llora? Ella me decía el porqué de sus lágrimas, yo seguia creyendo que las lágrimas significaban debilidad, y yo no quería que ella fuera débil. Le decía ya no llores mamá.

Los años siguieron pasando, llegue a la juventud, me case, tuve hijos, y creo que son contadas las veces que mi esposo, mis hijos y mis familiares me han visto llorar.

Muchas veces me preocupe y aun me pregunte: ¿Porque no soy tan sensible para derramar lágrimas aun en momentos muy difíciles? Me hubiera gustado ser más sensible y llorar un poco más. Pero ahora sé que soy lo que he vivido y pues vi llorar tanto a mi mamá, pensando que era debilidad, desde mi infancia decidí no ser débil, no llorar delante de la gente, de tal manera que me cuesta llorar delante de los demás. Aun hoy, cuando mi mamá de pronto recuerda cosas tristes y derrama sus lágrimas, yo le digo: Ya no llores mamá, mejor vamos a reírnos y le hago otro tipo de platicas que provoquen risas.

Yo he llorado muchas veces delante de la presencia de Dios, hasta desahogarme, he llorado como una niña, como una joven y como una adulta, hasta sentir descanso.

Hoy que tengo el pleno conocimiento de lo que significa llorar, hoy que veo a mi madre por todo lo que ha vivido, por todo lo que ha pasado, me doy cuenta de lo equivocada que estaba. Las lágrimas de mi madre no significan debilidad; significan que está sacando todo su dolor, y es eso precisamente con la ayuda de Dios, lo que le ha ayudado a soportar todo lo que le ha tocado vivir en esta vida.

La biblia dice: Toma en cuenta mis sufrimientos; pon tus lágrimas en tu redoma (vasija de cerámica y de vidrio) Salmo 56:8

Que maravilloso que en la presencia de nuestro Dios nuestras lagrimas no son en vano, creo que cada lagrima que mi madre ha derramado ha llegado a la presencia de nuestro Dios. Sus dos hijos y dos hijas son bautizad@s en el nombre de Jesús, no somos perfectos, pero mi madre nos ha enseñado el camino para llegar a Dios, y es hermoso caminar por este bello camino.

La biblia dice: Felices son los que lloran, porque serán consolados. Mateo 5:4

Dios tiene formas tan bellas de consolarnos, que nos hace olvidar nuestro pasado triste, olvidar nuestra miseria, o acordarnos de ellas como aguas que ya pasaron. Job 11:16

Con paciencia esperé que el señor me ayudara, y él se fijó en mí y oyó mi clamor. Me sacó del foso de desesperación, del lodo y del fango. Puso mis pies sobre suelo firme y a medida que yo caminaba, me estabilizó. Me dio un canto nuevo para entonar, un himno de alabanza a nuestro Dios. Muchos verán lo que él hizo y quedarán asombrados; pondrán su confianza en el sr. Salmo 40 1-3

****

Capítulo 13

****

Perdón.

Una vez más te voy a contar otra experiencia que tuve con mi mamá, estábamos ya en casa, ella estaba recuperándose de la cirugía y una noche me dijo: Idalia hay una mujer que me quiere ahorcar, me aprieta muy fuerte el cuello y dice que me va a matar. Pensé que lo había soñado y solo le dije: solo fue un sueño, duérmase, pero empezó a gritar, era en la media noche, como a las 12.

Madrecita no grite, porque ya todos están dormidos, yo me había quedado con ella para cuidarla, cuando vi que no era un sueño le dije: sabe quién es la mujer que quiere ahorcarla, me dijo: sí, es una mujer que nos hizo mucho daño a tu papá y a mí cuando estábamos jóvenes.

Mi mamá varias veces nos había contado la historia de esa mujer en la vida de mi papá y mi mamá.

Madrecita vamos a hacer una oración, en esta oración usted va a decir el nombre de esa mujer y va a decir en voz alta que usted ya perdonó, y que perdona todo el daño que les hizo a papá y a usted. Que perdona a esa mujer, como Dios la ha perdonado a usted de todos sus pecados.

Mamá estuvo repitiendo exactamente lo que yo le decía: declarando que ya había perdonado, pero que nuevamente perdonaba a esa mujer por todo el daño que les había hecho.

Aquella presencia de aquel espíritu inmundo en forma de aquella mujer no tuvo más remedio que huir, cuando mamá le decía: yo ya te perdoné, pero una vez más te perdono, así como Dios ha perdonado todos mis pecados.

Mamá recuperó la paz que por unos minutos había perdido por aquella horrible experiencia y ahora la podía observar durmiendo con la preciosa paz de nuestro Dios.

Al estar ahí en el silencio de la noche, pude meditar y recordar una experiencia que yo había tenido muchos años atrás. Por años yo sentía mucho resentimiento en contra de mi Padre, porque él no había estado con nosotros en la infancia, aunque yo sabía claramente que era por enfermedad que mi padre no había podido estar con nosotros, pero no podía evitar sentir ese resentimiento. Nunca dije nada a nadie de lo que yo sentía, pero por causa de ese resentimiento yo no quería ver, ni saber nada de mi padre.

Un día escuché una predicación de Mateo 6:14-15 Porque si perdonan a otras personas sus ofensas, también ustedes serán perdonados por su Padre celestial;   91 más si no perdonan las ofensas a otras personas, tampoco su Padre les perdonara a ustedes sus pecados.

Fue entonces que me di cuenta de que, si yo no perdonaba a mi padre, Dios tampoco me perdonaba a mí los errores y pecados que cometía. Yo necesitaba el perdón de Dios, así que tuve que soltar el perdón a mi padre y ser libre de todo resentimiento. Este es el perdón, que produce perdón. Hay personas que han dañado tu vida, sientes que esta herida, aún la herida está ahí abierta, aunque han pasado los años, aún te duele recordar lo que te hicieron, no solo te dañaron en el pasado, sino que ese recuerdo sigue atormentándote y destruyendo tu presente. No hay otra forma para sanar que yo conozca, más que soltar el perdón al que te hirió, no porque lo merezca, quizás el que te hirió ni siquiera tiene el deseo de pedirte perdón, quizás se goza de lo que te hizo, o quizás ni siquiera se dio cuenta del gran daño que te hizo. El perdón se lo vas a dar para que tu seas libre, suficiente fue con el daño que sufriste en ese momento como para seguir sufriendo, como si no hubiese sido suficiente.

Hay personas que jamás van a reconocer que te dañaron, pero cuando tú puedes decir el nombre de esa persona y confesar con tu boca que la perdonas, sentirás la sanidad y serás libre. 92

Quizás de tiempo en tiempo, ese horrible recuerdo quiera volver a asomar su feo rostro, y por un momento puedas volver a sentir las emociones y sentimiento lastimados nuevamente, pero eso no quiere decir que no estás sano, o que no has perdonado, pero tu firmemente repite: yo ya te he perdonado, y lo hago nuevamente; dilo en voz alta, su nombre y que lo perdonas, para que Dios también perdone tus pecados.

Hay personas que jamás las volverás a ver, pero también hay personas con las cuales seguirás conviviendo muy seguido, es probable que el proceso sea más largo, eso no quiere decir que te les vas a ir a poner en frente para que te sigan hiriendo, pero si podrás sentir la paz de Dios y que las heridas están cicatrizando.

Hay relaciones que es mejor perdonar y seguir el camino, porque esas personas son de las que te piden perdón, pero para seguirte hiriendo, no es un arrepentimiento sincero, solo es para seguirte controlando, por eso es mejor perdonar y seguir tu camino.

Hay relaciones de matrimonio, de los padres, de los hijos, de familiares, de amistades, donde hay heridas, pero cuando hay un interés entre ambas personas,

De perdonarse y de luchar por no herirse, es entonces cuando se puede mantener una relación de sanidad, porque ambas partes están interesadas en la sanidad de su relación.

Hoy en día tengo ya casi 17 años que Dios me permite convivir con mi Padre, los años han pasado, su pelo está blanco y su cuerpo encorvado, ya son 88 años, pero puedo rasurar su rostro, prepararle y mantenerle limpia su ropa, mantener limpio su cuarto, y esto es porque Dios ha sanado mi alma, de resentimiento y amargura. Puedo entender que mi padre cumplió con su propósito en esta vida, y es que, gracias a Dios, a mi Mamá y mi Padre, yo nací y hoy tengo vida.

Dios usó la vida de mis padres para que yo exista, y que fuera de bendición para muchas vidas al compartir contigo estas experiencias, que hoy quedarán grabadas en este mi 2do. Libro: Paz Como Un Rio En Tiempo e Sequía.

Pero esto solamente se logra cuando hay:

El Perdón, Que Produce Perdón

Trinidad Galván Peña.

Mi Papá.

Hermoso Recuerdo

**Mi Papa, mi hermano Gustavo,
mi Mamá, yo y mi esposo, mis
hijos: Giezi, Roy Jr. Y Julio**

****

Capítulo 14

****

Cabellos blancos

Recuerdo aquel día, quedó muy grabado en mi memoria. Me sentía tan emocionada, estaba entrando a la etapa de la adolescencia. Mi mamá me había llevado a una sala de belleza, para que cortaran y arreglaran mi cabello. Me sentía bien y me veía hermosa, frente al espejo busqué la forma de peinarme que más me gustaba con mi nuevo estilo de cabello ondulado.

Estaba lista para irme a una actividad de jóvenes, cuando me despido de mi mamá, me dice: Idalia quítate ese peinado y péinate de esta manera, ella me dijo como. Yo me molesté porque ya estaba lista y además me gustaba como había quedado de la forma que yo me había peinado. Pero la orden estaba llena de autoridad, y no me dio a escoger si yo quería o no. Enojada quité el peinado que tenía y me peiné de la forma que mi mamá me estaba ordenando, solo porque quería ir a la actividad de jóvenes en la iglesia.

Cuando salí de mi casa e iba en camino a la iglesia, me sentía molesta, enojada y me preguntaba: ¿Por qué tengo que obedecer a mi mamá hasta en la forma de peinarme? Trataba de encontrar una respuesta, pero no la hallé,

Solo recordé un texto bíblico que tanto nos enseñó mi maestra de escuela dominical: La hna. Zamora, cuando era una niña.

El hijo sabio alegra al padre, pero el hijo necio es tristeza de su madre.   Proverbios 10:1

Aquel versículo de la biblia quitó de mi aquel enojo que sentía, y al llegar a la actividad de jóvenes ya hasta se me había olvidado lo que había pasado.

En otra ocasión después de algunos días me estaba arreglando para otra actividad, en la cual yo podía también participar, era de adultos, pero podíamos asistir algunas de las señoritas. Cuando terminé de arreglarme y estaba lista, le dije a mi mamá que ya me iba, ella ese día no iba a asistir. Mi mamá me dijo: no vas a ir. ¿Pero por qué? Le conteste yo muy enojada, es una actividad de la iglesia. Mi mamá me contestó firmemente: te digo que no vas a ir.

¿Pero por qué no? Deseaba una explicación, porque no entendía la razón por la cual no me dejaba ir. Yo pensaba, son actividades de la iglesia, no son fiestas del mundo. No hubo respuesta, o explicación, así que me quedé en casa enojada, tiste y preguntándome por qué tenía que obedecer a mi mamá, si lo que yo quería hacer era bueno.

Vino a mi mente el texto que mi maestra nos motivaba a aprender de memoria cuando era una niña: hijos, obedezcan a sus padres en el Señor, porque esto es justo. Efesios 6:1

Pero sí dice bien claro en el Señor, y ella no me deja ir a una actividad de la iglesia. Estuve renegando y hablando con Dios, al final me quedé dormida y al siguiente día todo volvió a la normalidad.

Como estas experiencias puedo contarte muchas más que pasé en mi adolescencia y juventud con mi mamá. Muchas veces sentí el deseo de rebelarme, de ser desobediente y hacer lo que a mí me parecía correcto, o simplemente lo que a mí se me diera la gana, pero siempre algo venía a mi mente, ya sea un versículo de la biblia, o alguna predicación o enseñanza que había escuchado en la escuela dominical, en alguna célula, o algún culto. Aunque había una lucha en mi interior, por lo general terminaba obedeciendo a lo que mi mamá me decía. Una vocecita muy suave en mi interior me decía que había más ganancia en obedecer que ser rebelde. Que, si yo sembraba obediencia y respeto a mi madre, eso cosecharía también el día que yo tuviera hijos.

Los años pasaron, me casé, tuve 3 hijos varones, y cuando crecieron siempre pensé y dije y sigo diciendo:

Dios me dio buenos hijos porque yo traté de ser una buena hija, no perfecta, pero hice todo lo posible de ser lo mejor. Hoy mis hijos ya son adultos y todavía siguen siendo buenos hijos, no perfectos, pero sé que ellos también están haciendo todo para hacer lo mejor.

Mi madre ya casi ha llegado a los 80, solo le falta un poco. Muchas de las veces desde hace ya un tiempo, me siento su mamá. Es un difícil proceso porque mi madre siempre fue muy fuerte y no le gustaba depender de nadie. Cuando se enfrentó al cáncer de seno, los efectos secundarios de la quimioterapia y radiación la dejaron más débil y frágil, de tal forma que necesitaba ayuda. El proceso fue tan difícil para ella como para nosotros, a pesar de los problemas que de repente surgen, también hay cosas positivas, y una de ellas es que la relación de madre e hija se fortalece, cuando con la ayuda de Dios ambas partes tratamos de hacer lo mejor para que las cosas funcionen. Hoy que me toca cuidar a mi madre y tengo que decir no, como cuando quiere comer mucho pastel y sé que eso le hace daño.

Compramos un pastel de cumpleaños porque uno de mis hijos había cumplido años y estaba grande de tal forma que quedó como un cuarto del pastel, y era bastante.

Otro día en la mañana antes de darle desayuno a mi mamá le chequé la presión y la traía demasiado alta, rápidamente le di su desayuno para darle sus vitaminas y la pastilla de la presión. Me dijo: no quiero desayunar, mejor dame pastel. Le contesté: no madre, primero desayuné y luego se come un pedazo de pastel con su café. Pero me preguntaba ¿por qué mi mamá trae su presión tan alta? Si anoche la traía normal. De pronto me asaltó un pensamiento, mamá estuvo comiendo pastel durante la noche, chequé el refrigerador, y a sorpresa, exactamente mi mamá había comido pastel durante la noche. Algunas veces, en algunas cosas es como una niña, y hoy nos toca a nosotros sus hijos, sus hijas, cuidar de ella.

Hay un pensamiento que me da fuerzas cuando estoy   cansada.
Me da amor, cuando parece que se acaba. Paciencia, cuando la impaciencia toca a mi puerta.   Lo que hoy sembramos en nuestros padres, en un futuro lo cosecharemos de nuestros hijos.

Así que la vida pasa tan rápido, a veces me da la impresión de que es como el agua que tratamos de mantener en nuestras manos, pero es imposible, se escurre entre los dedos y las manos que estaban llenas de agua, rápidamente quedan vacías.

Así es exactamente con el tiempo, pareciera que lo quiero mantener en mis manos por más tiempo, que se detenga, aunque sea un poco, pero no, rápidamente se desliza entre mis manos.

Puedo ver una corona de honra en la cabeza de mi madre, al mirar su cabello blanco, y sé que se la ganó porque hizo lo mejor, no es perfecta, pero se esforzó por hacer lo mejor.

Las canas son una honrosa corona que se obtiene en el camino de la justicia. Proverbios 16:31

Maria E. Rivas (Mi Mamá)

****

Capítulo 15

****

La Perla De Gran Precio

¿Qué son las perlas?

La perla es un objeto brillante, duro y de gran valor para el ser humano, que se genera en el interior del tejido blando de una ostra.

¿Quién produce las perlas?

La ostra, la madreperla y otras criaturas semejantes son llamados bivalvos, pues su concha está formada por dos partes o valvas. Estas partes están unidas por un ligamento que funciona como una bisagra, permitiendo al animal abrirse y cerrarse. Por lo general están abiertos para comer, y pueden cerrarse rápidamente para protegerse de algún peligro.

En el interior de su concha se encuentran sus órganos, como la boca, el corazón, el aparato digestivo, las agallas, músculos, y el manto, que es una especie de piel que cubre a los órganos. Es precisamente el manto el órgano el que segrega nácar a partir de los alimentos consumidos por el animal, con la que hace la concha. A medida que el animal crece, debe producir más nácar para aumentar el tamaño de la concha.

¿Cómo se forman las perlas?

Las perlas son formadas por las ostras y algunos parásitos, como el gusano, el mejillón, caracoles y el pez perla, cuando estos parásitos buscan un lugar seguro donde vivir.

Una ostra que no fue herida de alguna manera no produce perlas. Las perlas son el producto del dolor, resultados de la entrada de una substancia extraña o indeseable en el interior de la ostra, como un parasito. Este parasito se alojará dentro del cuerpo blando de la ostra. Estos huéspedes producen grandes molestias y la ostra al ser incapaz de expulsar al intruso, activa su mecanismo de defensa dentro de su cuerpo para protegerse y empieza a segregar una sustancia cristalina lisa y dura, a base de carbonato de calcio alrededor del intruso con el fin de protegerse a sí mismo; Cuando el parasito indeseable penetra en ella, las células del nácar comienzan a trabajar y lo cubren con capas y más capas, para proteger el cuerpo indefenso de la ostra. El intruso será totalmente encerrado en una esfera lisa y brillante de nácar, que ahora se ha convertido en una perla., pues la perla es una herida cicatrizada. Pero ¿cómo es que perlas preciosas se forman a partir de esto?

No es más que una defensa contra irritación en la ostra. Es unos de los secretos más preciados de la naturaleza.

Toda la tecnología, la ciencia y el hombre no es aún capaz de recrear este hermoso fenómeno.

El valor de las perlas era considerado uno de los tesoros más maravillosos que una persona podía adquirir, por lo que su precio era grande. Las perlas ocupaban el lugar principal y más elevado de todas las cosas preciosas, a diferencia del oro, la plata y muchas gemas, las perlas se obtienen de seres vivos

Al investigar sobre las perlas, vemos lo maravilloso de la creación, lo hermoso de la naturaleza creada por nuestro Dios.

También el reino de los cielos se parece a un comerciante que busca perlas finas, cuando encontró una perla preciosa, fue y vendió todo lo que tenía y la compró. Mateo 13:45-46

Nuestro Dios, nuestro creador, nos da el valor de una perla preciosa. El conoce exactamente el valor que tenemos, porque estamos hechos a su imagen y semejanza. Nos creó con dones y virtudes, nos dio la autoridad de dominar y administrar todo lo creado por él. Es tan grande el valor que nos ha dado, que él mismo, nuestro Dios y creador, renunció a su trono, su gloria, su poderío, para venir a este mundo y nacer como un ser humano y entregar su vida en sacrificio por amor a ti y a mí, porque nos considera perlas de gran valor.

Quizás en tu vida han entrado parásitos, que te han herido, te han dañado, son tan molestosos, que casi has sentido que han destruido tu vida, pero tú también puedes convertir todo eso que ha llegado a tu vida en perlas preciosas.

Aprendamos de la creación de nuestro Dios, todo lo creado nos enseña que hacer a nosotros también; así como la ostra es herida por algún parasito que entra, rápidamente se defiende, lanza una capa de nácar, y otra capa, y otra capa, por varios años está luchando al defenderse, sin dejar de lanzar capas de nácar y el producto de varios años de molestia, de trabajo, produce una hermosa perla fina, de gran valor.

¿Cuántos años tienes de estar luchando, defendiéndote, por esa herida, ese dolor?

La sangre que Jesús derramó en la cruz del calvario es suficiente para sanarte, para salvarte, para liberarte, para reconstruirte.

Acepta, recibe y cree con todo tu corazón ese sacrificio que Jesús hizo por ti en la cruz del calvario y deja que su sangre preciosa te envuelva, te cubra, lanzando sobre ti una capa, otra capa y otra capa y con el tiempo, con los años verás como tu vida va dando la forma de esa perla preciosa que eres, que aunque ahora tu veas con tus ojos físicos solo una vida herida, dañada; Al entregar tu vida y corazón a Jesús completamente, irá surgiendo esa joya valiosa que está dentro de ti.

Con la cual Dios nos creó desde el principio, pero el pecado que hemos cometido empañó, opacó la apariencia de esa perla.

Mi oración es que, al leer este libro, puedas entender el plan de salvación, el propósito para el cual Dios te creo, para que seas una perla de gran valor. Si no tienes una iglesia a donde asistir, busca una iglesia, donde puedas escuchar palabra de Dios, donde puedas iniciar una vida nueva en Jesús.

Quiero compartir un pequeño poema que escribí, al pensar en este versículo de la biblia:

También el reino de los cielos se parece a un comerciante que busca perlas finas, cuando encontró una perla preciosa, fue y vendió todo lo que tenía y la compró.

Mateo 13:45-46

También al investigar el maravilloso proceso de las perlas que producen las ostras.

Al principio de cada estrofa del poema, hay un espacio en blanco, pero quiero que escribas ahí tu nombre y léelo en voz alta, verás como el poema tiene un sentido más comprensible. En ese espacio yo voy a poner mi nombre, pero tu di en voz alta el tuyo.

Poema: La Perla De Gran Precio.

_____Quiero recordarte lo mucho que yo te amo.

¡Te amo! Te amo tanto que dejé todo, mi trono de gloria, rodeado de ángeles y vine a este mundo a dar mi vida por ti.

Cuando me azotaban, cuando me pusieron la corona de espinas, cuando se burlaban de mí, cuando clavaban los clavos en mis manos y me colgaron en aquella cruz; Solo tu mi amad@, mi precios@ perl@, estabas presente en mi mente, y solo porque te amo tanto, soporté aquel doloroso sacrificio, pues tu eres_____ la perla de gran precio.

_____ tu valor es más grande que todos los tesoros de este mundo.

Quizás haya momentos, que no lo sientas así.

Porque el mundo, tus amigas que más quieres, tu familia, tus hijos, tus hijas, tu esposo, tus padres, no te valoran.

Quizás sientas en momentos el vacío de la soledad, porque el mundo, tus amigas, tu familia, están tan ocupados, con sus luchas, sus presiones, en su diario vivir de cada día.

_____ Escúchame un momento, mírame a mí, mírame a los ojos.

¡Yo te amo! ¡Yo te amo! Eres mi especial tesoro.

¿Cómo no voy a dar todo lo que necesitas?

Lo que tu corazón más anhela, entrégame tu vida por completo y verás los resultados.

Eres lo más precioso, entre mi creación maravillosa.

Eres La Perla De Gran Precio.

QR para ver video: Como es el proceso de las perlas

Puedes escanear con tu teléfono móvil este Código QR para tener acceso al video.

****

Capítulo 16

****

Enraizada

En primer lugar, vamos a investigar de donde proviene la palabra enraizada. Proviene de la palabra Enraizar. - significa echar raíces, arraigar, prenderse, establecerse, implantarse, afincarse, hacerse firme y duradero en cierto lugar al crecer las raíces.

¿Qué significa Enraizadas? Son raíces que están ancladas, arraigadas y establecidas en un determinado lugar. Las raíces exploran el terreno, crecen ya sea a profundidad o se extienden hacia los lados, para extraer los nutrientes y el agua para que el árbol, o la planta siga creciendo.

Es como el árbol plantado a la orilla de un río que, cuando llega su tiempo, da fruto y sus hojas jamás se marchitan. ¡Todo cuanto hace prospera!   **El salmo 1:3**

Al meditar en este versículo de la biblia, nos habla de: La belleza del árbol.
Las raíces, el trabajo oculto, que no se ve y no se aprecia.
El secreto de vivir enraizada, junto a corrientes de aguas.
 Hoy más que nunca, he pensado, he meditado mucho en mi mamá, en mi abuelita, en mi suegra, en nuestros hermanos y hermanas en Cristo, de edad ya muy avanzada.

114

Enraizada

En nuestros hermanos que ya no están con
nosotros, ya partieron para estar con Jesús,
nuestro Dios. Hoy que enfrentamos nuevos
retos, mi esposo y yo, como padres, como
abuelitos, como personas al trabajar en lo
espiritual, en lo material, para dejar un
ejemplo de vida a nuestros hijos, a nuestra
generación, a las generaciones que vienen tras
nosotros.

Me pregunto: ¿Cuánto ha tenido que trabajar
mi mamá, mi abuelita, mi suegra, nuestros
hermanos de edad ya muy avanzada, nuestros
hermanos que ya murieron? Para que mi
esposo, para que yo, podamos el día de hoy
estar en esta posición espiritual y material.

Al meditar en este tema y leer salmo uno, y al
buscar los significados de enraizadas. Creo
firmemente que este es nuestro tiempo de
reforzar, nutrir y extender nuestras buenas
raíces que nos han dejado.

Me siento feliz de poder compartir contigo
un poema que escribí, y sentí la inspiración al
meditar en este hermoso árbol plantado,
enraizado junto a corrientes de aguas. La biblia
dice: qué es un árbol de follaje muy verde,
hermoso y es un árbol que está lleno de frutos.

Este poema lo escribí en el mes de junio 2021, y lo compartí en la oración que tuvimos de 6 a 7 de la mañana, ahí pude compartirlo con mis hermanas que estuvieron en zoom. También le doy gracias a Dios, por el gran privilegio de compartirlo en un fin de mes en la Iglesia Vida Victoriosa de McAllen Tx. En la actividad de dorcas. Todas mis hermanas que estuvieron ahí también pudieron escucharlo, y pues también el día de hoy quiero compartirlo contigo. Espero que, así como ha sido de bendición este poema para mi vida, también lo sea para tu vida.

Poema Enraizada

El paisaje es muy bello, tan solo mirarlo produce descanso. Puedo sentir el aire fresco que recorre todo mi cuerpo.

Disfrutar la sombra del árbol, de follaje muy verde; comer, y saborear lentamente, sin prisas, sin presiones del delicioso fruto que tiene.

Puedo escuchar el suave murmullo de la corriente del agua, que relaja mi vida, quitando el estrés del diario vivir.

Ahí, en silencio, puedo meditar, observar el secreto oculto de tanta belleza.

Son sus raíces, no se ven, pero están ahí, desarrollando una función de gran importancia.

Explorar el terreno para crecer a profundidad o hacia los lados, según la necesidad para extraer los nutrientes y el agua, para alimentar la majestad y hermosura del árbol.

Las raíces han explorado y saben que están muy cerca de corrientes de agua, es ahí, justo ahí donde necesitan enraizarse, para que el árbol se mantenga fuerte, firme, hermoso y lleno de fruto. Todas queremos ser ese árbol, pero hoy Dios nos está llamando para ir más profundo y ser las raíces.

Raíces que exploran y crecen a profundidad o hacia los lados, según la necesidad de tu vida, de tu matrimonio, de la familia, de la iglesia.

Mujer, mujer, mujer inteligente y sabia, tú has sido llamada para descubrir el propósito, discernir el gran secreto de vivir enraizada.

Quizás tu trabajo no se ve, no te sientes apreciada, como la raíz que esta oculta; Pero tú has encontrado el secreto, tu vida, tu matrimonio, tu familia, tu iglesia, esta hermosa, con follaje verde y cargada, llena de frutos; porque tu estas enraizada junto a corrientes de aguas.

No puedo evitar pensar, meditar en mi mamá, en mi abuelita, en mi suegra, en nuestros hermanos y hermanas en Cristo de edad muy avanzada. En nuestros hermanos y hermanas que ya no están con nosotros, se fueron, partieron para estar con Jesús. Todos ellos decidieron vivir una vida enraizada a Jesús, ríos, corrientes de aguas vivas.

¿Cuánto sufrieron? ¿Cuánto batallaron? ¿Cuánto trabajaron? En silencio, en lo oculto, sin que nadie los viera, sin ser apreciados.

Pero hoy, tu y yo estamos aquí, fruto de ese gran trabajo. Hoy somos nosotras llamadas a seguir viviendo una vida enraizada.

Quizás tu seas la primera en tu familia, que has decidido vivir enraizada, pero al pasar el tiempo, los años, veras como tu árbol genealógico va creciendo, es verde, de brillante follaje, cargado, lleno de frutos, y es entonces cuando entenderás el propósito de vivir una vida enraizada, junto a Jesús, corrientes de aguas vivas, que sacian el alma.

Hermanas, somos llamadas a ir más profundo y ser las raíces, para vivir una vida enraizada

Video del poema: Enraizada

(Si lo deseas puedes escanear con tu teléfono móvil este Código QR para tener acceso al enlace de este poema).

****

Capítulo 17

****

Poema: Te Amo

Cuando la soledad te llame, y la depresión toque a tu puerta.

Cuando el dolor es tan grande que te ahoga y sientes que no puedes respirar más.

Cuando de tus ojos ya no broten lágrimas por tanto llorar.

Amada mía, estoy aquí, comprendo perfectamente por lo que estás pasando.

Te estoy mirando, mis ojos están puestos en ti cada día, cada minuto, cada instante, me importas más de lo que imaginas.

Te busco, llamo tu atención, te atraigo hacia a mí con las cuerdas de mi amor.

Quiero verte a los ojos y decirte, lo que por ti yo siento; lo he gritado en voz alta, te lo he dicho a través de la risa de tus nietos, a través de tus hijos, a través del aire fresco en las mañanas, a través del paisaje hermoso al caer la tarde, a través de los pájaros que en la fuente juegan y revolotean sus alas en el agua.

Te grito que te amo, cada que respiras, en cada respirar mi amor te sostiene.

Amo cada parte de tu cuerpo, porque yo lo creé en el vientre de tu madre, te amo desde antes de la fundación de este mundo,

Te Amo

Te amo desde antes de la fundación de este mundo, porque yo ya te había escogido para que seas la

niña de mis ojos, para que seas mi especial tesoro, para que seas mi novia, mi amada esposa, mi iglesia.

Te amo como nadie te ha amado, ni te amará jamás; si tan solo supieras lo que puedo darte cuando tu vida entregues en mis manos.

Te puedo dar aún el deseo más profundo de tu corazón que tanto anhelas; pero estas tan obsesionada, tan ocupada en tus sentimientos, en tus emociones, tarando de encontrar tu sueño, tu meta.

Te he abrazado muchas veces, he secado tus lágrimas, te he dicho mil veces que te amo, pero con tus acciones, me dices: No me importa.

Estoy aquí a tu lado, jamás te he dejado, te estoy esperando para que tomes mi mano y juntos caminemos en armonía, en una relación de comunicación todos los días.

Te deseo, te anhelo, cada día espero que me busques a través de la oración y de mi palabra.

Te quiero dar esa paz que tanto necesitas, que tanto anhelas. Los que aman tu ley gozan de una paz, nada los hace tropezar. Salmo 119:165

Abundante Paz, la conoces, has disfrutado de ella, pero de pronto llegan a la vida situaciones imprevistas que jamás imaginaste, las cuales te sacuden violentamente.

El plan del enemigo es robarte, destruirte hasta matarte. El ladrón no viene más que a robar, matar y destruir; yo he venido para que tengan vida, y la tengan en abundancia. Juan 10:10

Amada mía, te amo tanto, que yo he pagado el precio para cancelar el malvado plan del enemigo. Jesús fue traspasado por nuestras rebeliones y molido por nuestros pecados; sobre el recayó el castigo, precio de nuestra paz y gracias a sus heridas fuimos sanados. Isaías 53:5

Si tú me buscas en esta relación para conocerme más, no solo te voy a dar Abundante Paz, si no que te voy a dar Paz Como Un Rio. Isaías 66:12

Donde fluirá manantiales de agua cristalinas, estarán tan llenas hasta desbordarse, que muchas más vidas serán bendecidas.

Amada mía, no lo olvides, con amor eterno te he amado; por tanto, te prolongué mi misericordia. **TE AMO**

Video Motivacional: El amor de Dios

(Si lo deseas puedes escanear con tu teléfono móvil este Código QR para tener acceso al enlace de este video).

Agradecimiento

En primer lugar: agradezco a Dios por sacar lo precioso de lo vil (cada experiencia difícil).

Gracias por proveer todo lo necesario para este segundo libro. Por inspirarme en esas largas horas al estar escribiendo, aún en las noches al despertar, iluminarme con nuevos versos, pensamientos, ideas para lograr este sueño; porque todo lo bueno, dones y talentos provienen de Dios.

Agradezco a mi familia, a quien amo: mi esposo Rogelio Cabello, mi hijo Julio, su esposa Edith, mis hermosas nietas: Camila y Ariana. A mis hijos Giezi y Roy Jr. Porque todos ellos son el motivo más grande de mi felicidad. (Gracias Julio y Giezi por su apoyo en este proyecto.) (Gracias Roy Jr. Por las largas horas, ayudándome también a lograr este meta.)

Agradezco a nuestra primera dama: Rosie T. Peña, por sus palabras de apoyo y oración, en este largo proceso al escribir.

Agradecimientos

Agradezco a nuestro pastor: Juan Carlos, a la primera dama: Nina P. Márquez, y sus 2 princesitas, por sus oraciones para el proyecto de este libro.

Agradezco a nuestro hno. Ismael Rivera, por la revisión ortográfica de mi libro. A su hermosa esposa: Coral Rivera y a su bella familia. Dos preciosas niñas y un guapo varoncito.

Agradezco a cada una de las personas que me han dado palabras de motivación para que siga escribiendo, sus mensajes son energía, ánimo, adrenalina pura, poder para mi vida.

Muchas Gracias—Idalia Cabello.

Enlaces de Contacto con Idalia Cabello

Facebook

Canal de YouTube

(Si lo deseas puedes escanear con tu teléfono móvil este Código QR para tener acceso a mi canal de)

Sobre La Autora

Dora Idalia Cabello, lugar de nacimiento: Monterrey N.L.

La mayor parte de su vida ha vivido en la Ciudad de Reynosa Tamaulipas.

Su residencia actual desde hace 17 años en EE. UU. actualmente está viviendo en la ciudad de McAllen Texas.

Idalia es la 3era. Generación Apostólica.

María Rivas, madre: 2da. Generación.

Julia Rivas, abuelita: Primera Generación Apostólica.

Casada con el ministro Rogelio Cabello, el cual Dios le ha dado la gran bendición de tener su propio negocio. Roy's Landscaping.

Los cuales tienen 3 varones: Julio Cesar, Giezi Eduardo y Rogelio Cabello Jr.

Julio Cesar estudio Music Composition. Gracias a Dios por los dones que le ha dado para ser de bendición a muchas vidas en la iglesia. Trabaja como Social Media Manager. Casado con su esposa I. Edith Cabello, los cuales tienen sus 2 hermosas hijas, la bella Camila y la preciosa Ariana.

Giezi Eduardo, Graduado en la universidad como Contador, y trabaja en una escuela.

Rogelio Cabello Jr. Graduado también de la universidad en Arts Economics, y también trabaja en una escuela.

Actualmente asisten a la Iglesia Vida Victoriosa de McAllen Tx.

Idalia a escrito poemas, dramas, escritos literarios, monólogos, historias de vida personales, desde hace ya aproximadamente 40 años.

El año pasado 2021, gracias a Dios por nuestra hna. Nincy Erazo. NE PUBLISHING GROUP, LLC público el primer libro que Idalia escribió: Abundante Paz En Medio De Tiempos Difíciles.

Este año ella misma escribe y publica su segundo libro: Paz Como Un Rio en Tiempos De Sequía.

Asesorada por el Maestro Francisco Navarro Lara y su bella esposa Paqui Gavilán.

Publicado en E-book Kindle (libro electrónico) El 17 de abril 2022, y el 21 del mismo mes logro ser bestseller en 3 categorías en Amazon.

Idalia Cabello

Made in the USA
Middletown, DE
11 September 2022

10282622R00082